Alle Lernjahre

Jochen Vatter



# Vokabel-Trainer Englisch

## Mit Erfolg Vokabeln lernen

VOCABULARY

Tipps & Strategien zum erfolgreichen Üben

www.kohlverlag.de

# Vokabel-Trainer Englisch

## Mit Erfolg Vokabeln lernen

2. Auflage 2025



Inhalt: Jochen Vatter
Coverbild: Argus - AdobeStock.com
Redaktion: Kohl-Verlag
Grafik & Satz: Kohl-Verlag
Druck: Druckerei Flock, Köln

**Bestell-Nr. 12 388**

**ISBN: 978-3-96624-061-1**

**Bildquellen:**

**Seite 6+7** © Clipart.com; **Seite 8** © lefebvre_jonathan, © RealVector; **Seite 9** © Jochen Vatter, © Clipart.com; **Seite 11** © Clipart.com; **Seite 12** © Nikolai Titov, © MasterSergeant, © RealVector, © roman11998866, © guukaa-P; **Seite 13** © robu_s; **Seite 14** © Nikolai Titov, © MasterSergeant, © Sylfida, © Cobalt; **Seite 15** © guukaa-P; **Seite 16** © Nikolai Titov, © MasterSergeant, © guukaa-P, © Cobalt, © Clipart.com; **Seite 17** © Nikolai Titov, © MasterSergeant, © guukaa-P., © Cobalt, © dispicture; **Seite 18** © Nikolai Titov; **Seite 19** © Studio Ayutaka; **Seite 20** © Lorelyn Medina; **Seite 21** © MasterSergeant; **Seite 22** © Nikolai Titov, © PictureP., © guukaa-P, © Cobalt, © Clipart.com; **Seite 23** © MasterSergeant, © Willee Cole; **Seite 24** © RealVector, © dianagrytsku, © VectorMine; **Seite 25** © Nikolai Titov, © MasterSergeant, © guukaa-P, © RealVector, © Jochen Vatter; **Seite 26** © Nikolai Titov, © guukaa-P; **Seite 27** © Studio Ayutaka; **Seite 29** © guukaa-P, © MasterSergeant, © nazar12; **Seite 30** © Nikolai Titov, © sonia; **Seite 31** © MasterSergeant, © Nikolai Titov; **Seite 32** © valeo5, © Nikolai Titov, © MasterSergeant, © PictureP., © RealVector, © Studio Ayutaka; **Seite 33** © Arcady, © RealVector, © MasterSergeant, © Igor Serazetdinov; **Seite 34** © Nikolai Titov, © MasterSergeant, © guukaa-P.; **Seite 35** © Nikolai Titov, © MasterSergeant; **Seite 36** © Nikolai Titov, © Africa Studio, © Nitr, © viperagp, © winston, © womue, © pattilabelle; **Seite 37** © Nikolai Titov, © MasterSergeant; **Seite 38** © MasterSergeant; **Seite 39** © Nikolai Titov, © guukaa-P.; **Seite 40** © Photocreo Bednarek, © Vladimir Wrangel, © ar261076, © Jannik, © Jenny Sturm, © atomfotolia, © kameleonmedia, © anankkml, © santiphoto, © Helmet 1, © Henner Damke, © Eric Isselée, © Art Media Factory, © buchen4, © fotomaster, © Werner Dreblow, © Werner, © Sebastiano Fancellu, © Ana Gram, © breakingthewalls, © Linda More, © susan flashman, © Hedrus, © DoraZett, © Nazzu; **Seite 42** © Nikolai Titov, © guukaa-P., © MasterSergeant; **Seite 43** © Jochen Vatter; **Seite 44** © Nikolai Titov, © guukaa-P.; **Seite 46+47** © guukaa-P.; **Seite 48** © MasterSergeant; **Seite 49** © Nikolai Titov, © MasterSergeant; **Seite 50** © I-Wei Huang, © chrischuster, © Richie Chan, © swisshippo, © oldmn, © sleg21, © Dartagnan1980, © acosminphoto; **Seite 51** © MasterSergeant, © harvepino; **Seite 53** © Sunflower; **Seite 54** © Nikolai Titov, © guukaa-P., © MaZi; **Seite 55** © MaZi; **Seite 56** © Nikolai Titov, © guukaa-P., © MasterSergeant, © Clipart.com; **Seite 57** © Clipart.com; **Seite 58** © guukaa-P., © Clipart.com; **Seite 59** © Nikolai Titov, © MasterSergeant, © Daniel; **Seite 66** © pattilabelle



Kontakt: Kohl-Verlag, An der Brennerei 37-45, 50170 Kerpen
Tel: +49 2275 331610, Mail: info@kohlverlag.de

# Inhalt



VOKaBEL-TRaINER ENGLISCH
Mit Erfolg Vokabeln lernen – Bestell-Nr. 12 383
KOHL VERLAG

# Vorwort

Liebe Kolleginnen und Kollegen,

individuell Vokabel lernen mit Nachhaltigkeit! Dieser Band ist ein besonderes Instrumentarium, das eine Vielzahl von Lerntipps und Übungshinweisen beinhaltet, die beim Einprägen und Behalten des Wortschatzes helfen.

Vokabelarbeit sollte sich nicht nur auf das Führen eines zweispaltigen Vokabelheftes, in das neue Wörter Unit für Unit übertragen werden, beschränken.

Vielmehr hilft sinnvolle, den Lerntyp beachtende und zielgerichtete Vokabelarbeit dabei, den Wortschatz einzuprägen und im Langzeitgedächtnis zu verankern.

Der Band behandelt wertvolle Lerntipps. Diese sind in 22 Kapitel aufgeteilt, die alle mit der kurzen Regeleinführung sowie wertvollen Tipps beginnen. Darauf folgen entsprechende Übungen zur Vertiefung und Festigung.

Das Werk dient als Begleiter zum effektiven Führen eines Vokabelheftes, das idealerweise aus zwei doppelten Schulheften (2 x 32 Seiten) bestehen sollte. So stehen für fast jedes Kapitel je 2 Seiten zur Verfügung, die über das ganze Schuljahr (bestenfalls über viele Schuljahre) ergänzt werden können. Alternativ eignet sich das Führen eines Portfolios. Hier können die einzelnen Blätter stets beliebig hinzugefügt werden.

Kurzweilige Partnerarbeit (Memo-Karten oder Triminos/Puzzles) sorgt für Spaß und somit Motivation und Nachhaltigkeit.

In diesem Sinne viel Spaß, Freude und Erfolg bei der Umsetzung der Lerntipps im Unterricht wünschen der Kohl-Verlag und

Jochen Vatter

# Methodisch-didaktische Hinweise

**Allgemein**: ⊙ steht für grundlegendes, **!** für mittleres und ✱ für erweitertes Niveau

| | |
|---|---|
| **Bildpaare finden**: | Die Bildkarten auf Seite 40 je 2x kopieren. Nun müssen die Spieler die Bildpaare finden und erklären, was auf den Karten abgebildet ist (z.B. "There are two zebras."). |
| **Bild-/Wortpaare finden**: | Die Seiten 40 und 41 (auch 46/47) je 1 x kopieren. Nun müssen die Schüler die Wort-/Bildpaare (bzw. Wortpaare) finden. |
| **Karten selbst gestalten**: | Die Memo-Karten können von den Schülern mit jeder beliebigen Art von Wortschatz gestaltet werden. Z.B. kann das Wortfeld *Tiere* unterteilt werden in *Wildtiere*, *Zootiere*, *Farmtiere*, *Wassertiere*, *Haustiere*. |
| **Bildpuzzles**: | Die Seiten 51/52 und 59/60 müssen doppelseitig kopiert werden. |

Memo-Karten können von den Schülern als Hausaufgabe oder in Gruppen gestaltet werden: Ob zeichnen, Bildmaterial in Magazinen und Katalogen suchen, aus dem Internet ausdrucken, ausschneiden, einkleben, schreiben – der Kreativität sind keine Grenzen gesetzt. Darüber hinaus kann die Arbeit auch fächerübergreifend eingesetzt werden.

# Spielformen als Motivation

## 1. Das Zeigerspiel

Das Zeigerspiel ist für jede Art von Wortschatz und Redemittelschulung einsetzbar.

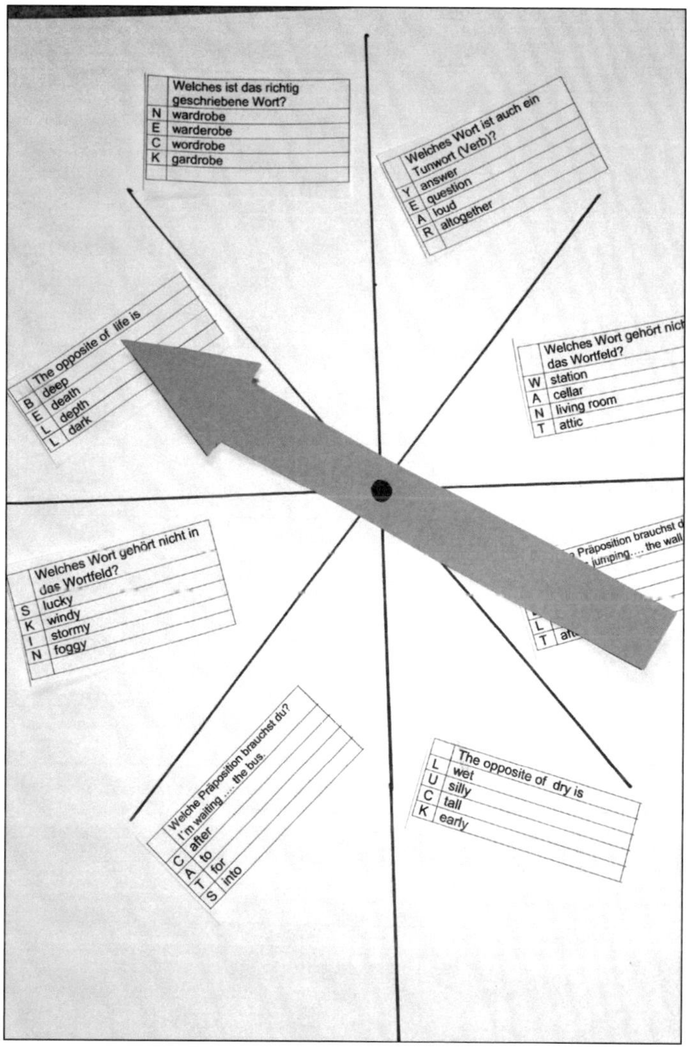


## 2. Dominos® (a), Memo-Karten (b), Triominos (c) und Puzzles jeglicher Art (d)

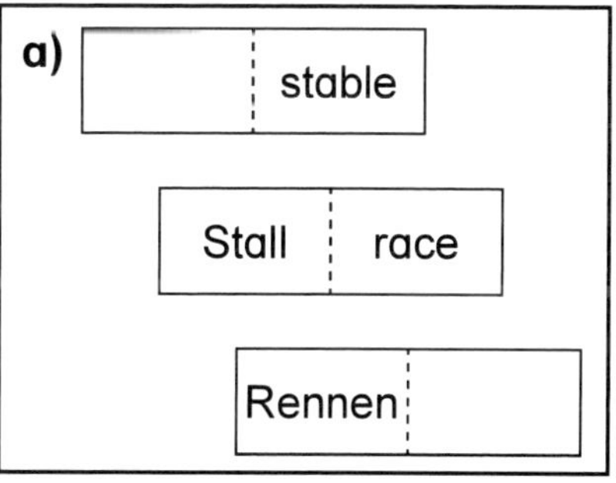


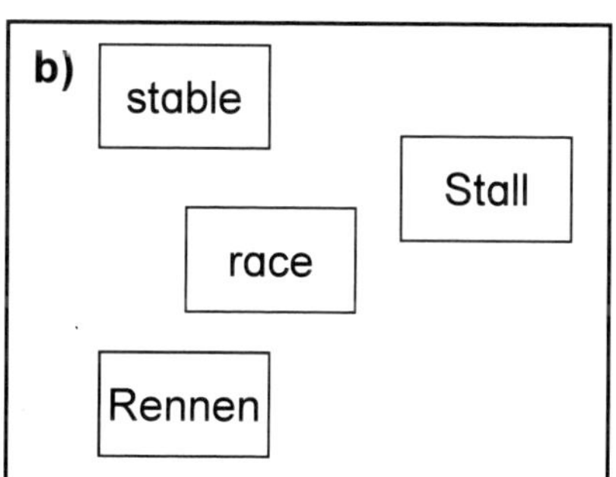


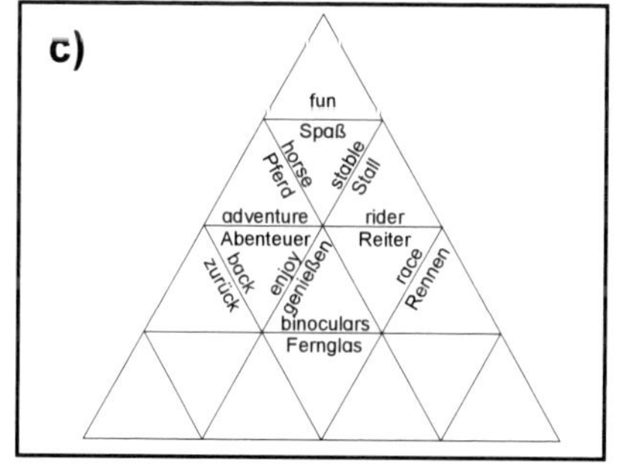


VOKaBEL-TRaINER ENGLISCH
Mit Erfolg Vokabeln lernen – Bestell-Nr. 12 383
KOHL VERLAG

# Spielformen als Motivation

## 2. Dominos® (a), Memo-Karten (b), Triominos (c) und Puzzles jeglicher Art (d)

(d) Bei diesem Bilderpuzzle werden die Kärtchen ausgeschnitten und auf die deutschen Wortkarten gelegt. Daraus entsteht dann das Gesamtbild. (Beispiel aus „Yes, I can“, Kohl-Verlag).

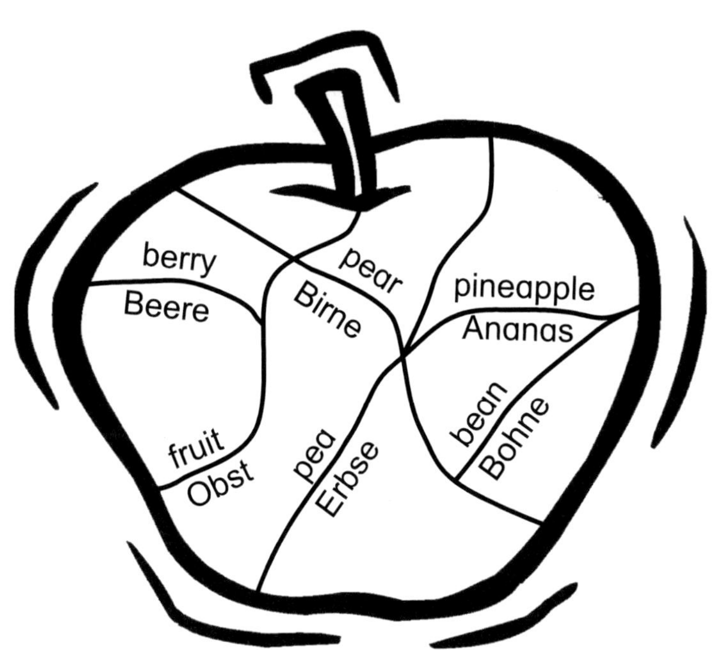


Diese Art von Puzzle kann mit jeglichem Wortschatz in kurzer Zeit von den Schülern selbst gestaltet werden.

Denkbare Aufgabe an Schüler:

*Schenkt jeden Tag einem Partner ein Kuvert mit einem zerschnittenen, selbst erstellten Puzzle.*

VOKaBEL-TRaINER ENGLISCH
Mit Erfolg Vokabeln lernen – Bestell-Nr. 12 388
KOHL VERLAG

# Spielformen als Motivation

## 3. Suchsel

Einsetzbar für jeglichen Wortschatz, mit Differenzierung in verschiedenen Niveaustufen (im Muster ⊙ ! ✶). Die Schüler erkennen Wörter und schreiben sie auf. Die Übung ist leicht von den Schülern selbst zu gestalten.

⊙

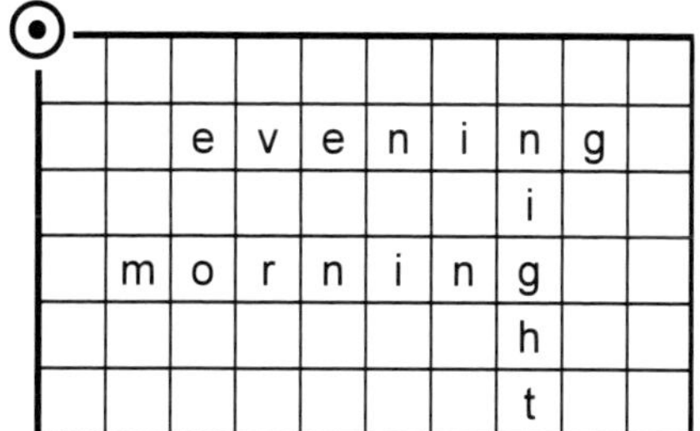

| | | | | | | | | | |
|---|---|---|---|---|---|---|---|---|---|
| | | | | | | | | | |
| | | e | v | e | n | i | n | g | |
| | | | | | | | i | | |
| | m | o | r | n | i | n | g | | |
| | | | | | | | h | | |
| | | | | | | | t | | |

!

| | | | | | | | | | |
|---|---|---|---|---|---|---|---|---|---|
| | x | x | x | x | x | x | x | x | x |
| | x | e | v | e | n | i | n | g | x |
| | x | x | x | x | x | x | i | x | x |
| | m | o | r | n | i | n | g | x | x |
| | x | x | x | x | x | x | h | x | x |
| | x | x | x | x | x | x | t | x | x |

✶

| | | | | | | | | | |
|---|---|---|---|---|---|---|---|---|---|
| | d | v | c | d | g | b | d | f | |
| | r | e | v | e | n | i | n | g | |
| | t | d | f | v | b | b | i | h | |
| | m | o | r | n | i | n | g | h | |
| | h | j | n | h | z | i | h | z | |
| | z | z | h | n | j | z | t | z | |

## 4. Auswahl-Aufgaben (multiple choice)

Schülerpaare können entsprechende Übungsblätter gemeinsam erstellen.

Welches Wort ist kein Nomen?

☐ hospital ☐ tower ☐ wonderful ☐ midnight ☐ summertime

Welches Wort bedeutet „Unterschied“?

☐ difficult ☐ dangerous ☐ different ☐ difference ☐ danger ☐ dust

Welches Wort gehört nicht zum Wortfeld?

☐ railroad ☐ helicopter ☐ hovercraft ☐ aircraft ☐ hurricane ☐ highway

*Fold here*

| | |
|---|---|
| pen<br>pencil<br>pencil case<br>felt tip | pencil case |
| book<br>exercise book<br>dictionary<br>bag | bag |
| glue<br>table<br>rubber<br>ruler | table |
| bus<br>car<br>van<br>plane | plane |
| scissors<br>glasses<br>trousers<br>homework | homework |
| desk<br>table<br>teacher<br>chair | teacher |
| pencil case<br>pencil sharpener<br>schoolbag<br>pencil | schoolbag |
| nose<br>eye<br>ear<br>leg | leg |
| foot<br>leg<br>mouth<br>finger | mouth |
| arm<br>tooth<br>legs<br>head | tooth |

Beispiel aus:
„Yes, I can“, Kohl-Verlag

# Spielformen als Motivation

## 5. Würfelspiel

Hier wird mit einem Stapel Wortkarten, Satzkarten, Bildkarten oder Einträgen in den Spielefeldern gearbeitet. Wichtig ist, dass das Spiel nicht stumm erfolgt, sondern dass dabei gesprochen wird (z.B. Wort-, Satz-, Bilderklärungen, Sprechanweisungen folgen)!

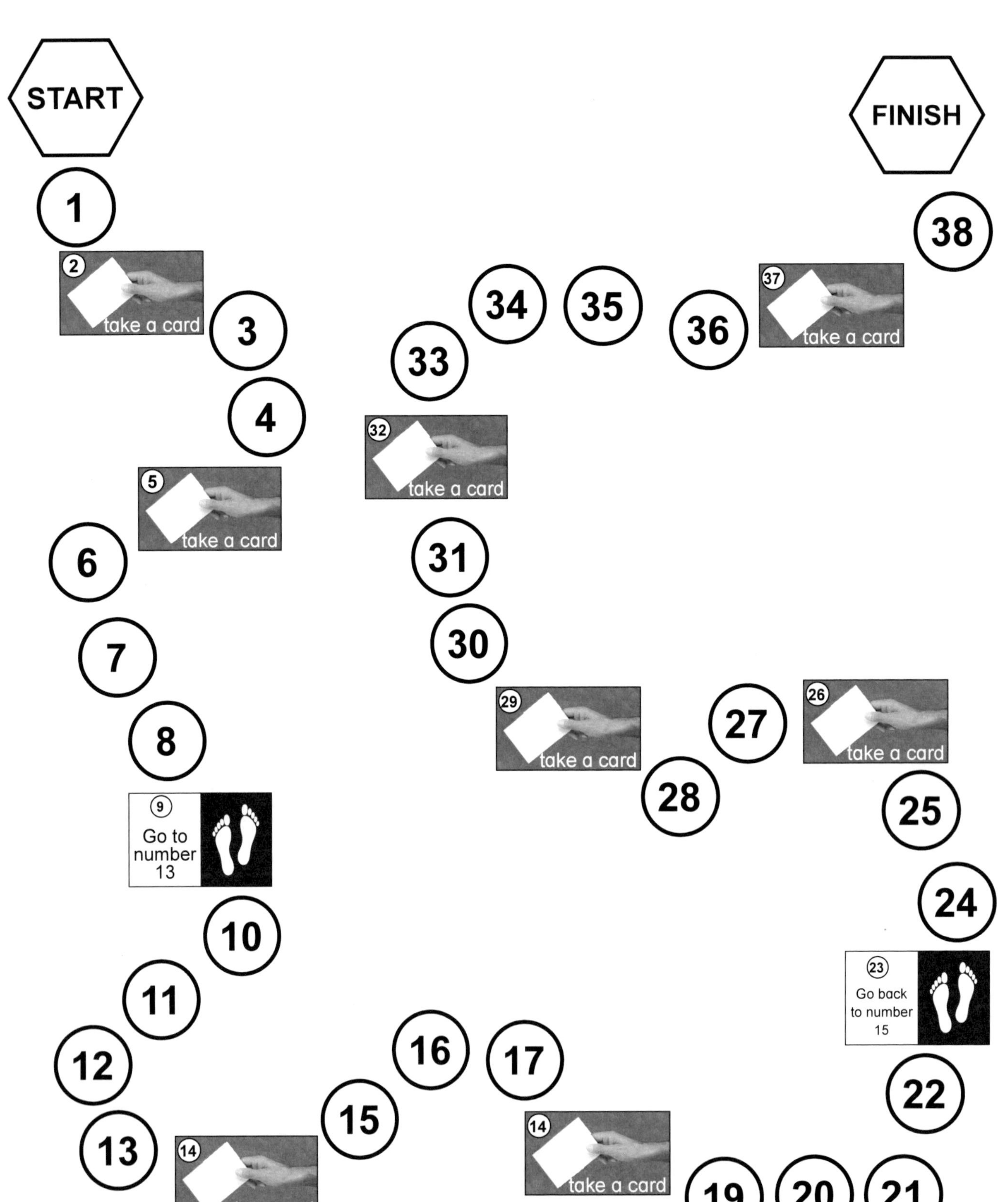

# Spielformen als Motivation

## 6. Einsetzübungen

Der Wortschatz wird dabei in Kontexten verarbeitet. Differenzierende Formen (G, M, E) sind dabei denkbar und wünschenswert. Beispiel:

⊙ Tom and Susy are l...... f ... (suchen nach) their bikes. Perhaps they've been stolen.

! Tom and Susy are l..... ... (suchen nach) their bikes. Perhaps they've been stolen.

✶ Tom and Susy are ...... ... (suchen nach) their bikes. Perhaps they've been stolen.

## 7. Fehlende Gegenstände (What's missing?)

Dies ist mit Gegenständen, Spielzeug, Zeichnungen, Kopien und Ausdrucken von der Klasse leicht zu gestalten. Es bietet sich an, die Lösungen zur Verfügung zu stellen. Lerntheke und Lernstationen erfahren so eine Bereicherung und eine Schülerhandschrift, die sich motivierend auswirkt.

1

2

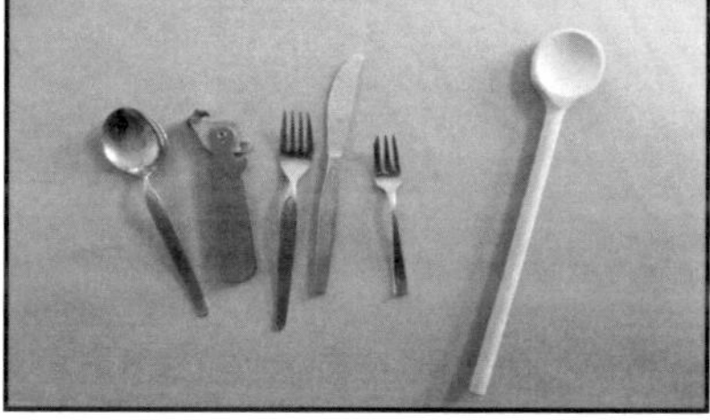

3

The ______________________ is missing.

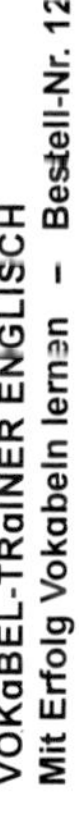

## 7. Fehlende Gegenstände (What's missing?)

„What's missing?" für Leistungsschwächere und Anfangsklassen ⊙ :

| 1 | spoon | fork | knife | opener | plate |
|---|---|---|---|---|---|
| 2 | fork | plate | spoon | opener | tea spoon |

„What's missing?" für Leistungsstärkere und obere Klassen **!** :

| 1 | fork | plate | spoon | knife | tin opener | glass | cup | tea spoon | bowl | saucer |
|---|---|---|---|---|---|---|---|---|---|---|
| 2 | can | saucer | tin opener | plate | spoon | bowl | knife | glass | tea spoon | fork |

„What's missing?" für Leistungsstarke und weit Fortgeschrittene ✶:

| fork | plate | spoon | knife | tin opener | glass | cup | bowl | tea spoon | saucer |
|---|---|---|---|---|---|---|---|---|---|
| can | tin | box | bottle | jar | mug | butter | milk | jam | toast |
| butter | milk | mug | can | jam | tin | box | bread | jar | bottle |
| fork | spoon | saucer | plate | tin opener | bowl | knife | glass | tea spoon | can |

Auch schwierigere Formen der Übungen lassen sich durch die Schüler leicht selbst erstellen.
Mit Bildmaterial wird es noch ansprechender.

## 8. Vokabel-BINGO

Auch ohne Lehrkraft leicht von den Schülern plan- und durchführbar.
Siehe BINGO-Mustervorlage Kapitel 22, „homonyms".



KOHL VERLAG
VOKaBEL-TRaINER ENGLISCH
Mit Erfolg Vokabeln lernen – Bestell-Nr. 12 388

# Spielformen als Motivation

## 9. Rätsel/Kreuzworträtsel

Ein Rätsel ist immer wieder erfrischend und auffrischend.

**This supertruck is called *road train*. It`s from Australia.**
**Where are the other trucks from?**

1. **D** is for .....
2. **F** is for .....
3. **A** is for .....
4. **GB** is for .....
5. **E** is for .....
6. **I** is for .....
7. **B** is for .....
8. **DK** is for .....
9. **S** is for .....
10. **CH** is for .....
11. **TR** is for .....
12. **NL** is for .....
13. **N** is for .....
14. **GR** is for .....
15. **RO** is for .....
16. **RUS** is for .....
17. **CRO** is for .....

Solution words:

__ __   __ __   __ __ __

__ __ __ __ __ __ __ __

VOKaBEL-TRaINER ENGLISCH
Mit Erfolg Vokabeln lernen – Bestell-Nr. 12 388

# Teil B Wortschatzinhalte und Wortschatz lernen

## 1. Englische Wörter im Deutschen (anglicisms in German speaking countries)

*„Heute schon shoppen gewesen?"*

*„Klar doch! Exklusives Shopping-Erlebnis beim Mid Season Sale im Outlet City Centre. Haben uns all die neuen lässigen Fashion Looks und Business Outfits angeschaut. Habe mir ein Paar ausgefranste Jeans zugelegt sowie einen Paperbag Rock und ein Print-T-Shirt. Meine Mädels begeisterten sich für coole Tops, Shorts und Overalls und mehr."*

Alles verstanden? In dem kurzen Gespräch werden Wörter gebraucht, die aus dem Englischen Eingang in die deutsche Sprache gefunden haben (man nennt sie *Anglizismen*). Sie werden wie selbstverständlich bei uns gebraucht. Oftmals fällt uns gar nicht mehr auf, dass sie aus einer anderen Sprache kommen.

In deinem Vokabelheft oder Portfolio kannst du dir ein paar Seiten einrichten, die sich mit solchen Wörtern aus dem Englischen befassen. Du kannst dazu Ausschnitte aus Zeitschriften und Katalogen verwenden. Dort findet man oft solche englischen Begriffe.

TIP

Erstellt in Gruppen plakative Collagen für das Klassenzimmer.

**1.** Unterscheide bei der folgenden Auflistung zwischen Mode- und Möbelbereich. Gestalte in deinem Vokabelheft oder Portfolio zwei Seiten dafür und ergänze sie im Laufe der Zeit. Von Zeit zu Zeit gibt es Überschneidungen, die für beide Bereiche passen.

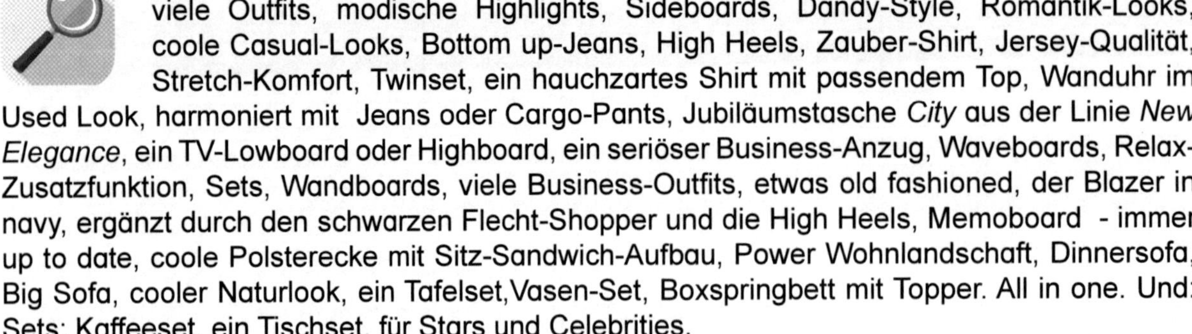

Light Line, der 24-Stunden-Blazer, Boards, Snowboards, businesskorrekt, Jeans, viele Outfits, modische Highlights, Sideboards, Dandy-Style, Romantik-Looks, coole Casual-Looks, Bottom up-Jeans, High Heels, Zauber-Shirt, Jersey-Qualität, Stretch-Komfort, Twinset, ein hauchzartes Shirt mit passendem Top, Wanduhr im Used Look, harmoniert mit Jeans oder Cargo-Pants, Jubiläumstasche *City* aus der Linie *New Elegance*, ein TV-Lowboard oder Highboard, ein seriöser Business-Anzug, Waveboards, Relax-Zusatzfunktion, Sets, Wandboards, viele Business-Outfits, etwas old fashioned, der Blazer in navy, ergänzt durch den schwarzen Flecht-Shopper und die High Heels, Memoboard - immer up to date, coole Polsterecke mit Sitz-Sandwich-Aufbau, Power Wohnlandschaft, Dinnersofa, Big Sofa, cooler Naturlook, ein Tafelset,Vasen-Set, Boxspringbett mit Topper. All in one. Und: Sets; Kaffeeset, ein Tischset, für Stars und Celebrities.

| Fashion | Furniture |
|---|---|
| | |

# Wortschatzinhalte und Wortschatz lernen

## 1. Englische Wörter im Deutschen (anglicisms in German speaking countries)

**2.** Erkennst du die Wörter? Notiere sie und überlege, was sie bedeuten könnten. Du kannst sie im Wörterbuch nachschlagen.

**a)** BABYBASKETBALLBODYGUARDBOXBRUNCHCAMPINGCLOWNCOMIC

**b)** COMPUTERCOOLCORNFLAKESCOUNTDOWNFASTFOODFRISBEE

**c)** FANGANGWAYHOBBYHOTDOGINLINE-SKATINGINTERCITYJAZZJEANS

**d)** JETJEEPJOGGINGJUMBOLASERMANAGERMOTOCROSSBIKE

**e)** MUFFINMUSICALNETWORKNEWSNONSTOPOPENAIRPARTYPIPELINE

**f)** POKERPOPCORNPONYPUZZLEQUIZRALLYERECYCLINGRELAXING

**g)** SANDWICHSCIENCE-FICTIONSELF-SERVICESHOPSHOWSHAMPOOSLIPSLOGAN

**h)** SNACKSONGSPRAYSTEAKSWEATSHIRTSPRINTTALKSHOWTICKET

**i)** TAXITEAMTEENAGERTENNISTICKETTOASTTRAINERTRENDTRICKUFO

**j)** VOLLEYBALLWEBSITEWINDSURFINGZOOMSHIRTBLAZERSNEAKERS

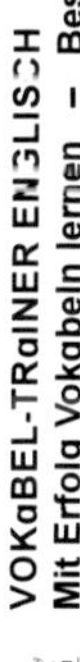


**3.** Erstelle weitere Wörterschlangen für einen deiner Partner oder deine Klasse.

## 2. Fernseh- und Filmwörter (words on TV and in movies)

Englische Begriffe findest du oft in den Bereichen Film, Fernsehen, Show und Musik. Sicher sind dir schon viele begegnet, wenn du das Fernsehprogramm durchblätterst oder anklickst. Manchmal hast du vielleicht gar nicht über Sinn und Bedeutung nachgedacht, weil du schon irgendetwas damit verbunden hast. Oft liest man darüber hinweg und nimmt das Wort einfach so auf.

1. Lies dir die englischen Begriffe auf dem Monitor unten durch.
2. Markiere die Begriffe, die dir schon einmal begegnet sind.
3. Unterstreiche die Wörter, die du nicht kennst, in einer anderen Farbe.
4. Kläre deren Bedeutungen, indem du nachschlägst oder einen Partner fragst.
5. Nimm dir die aktuelle Fernsehzeitschrift oder einen Ausdruck des TV-Programms aus dem Internet und markiere dort die Begriffe, Titel und Sendungen, die in unserer Liste vorkommen.
6. Übertrage die Begriffe und ihre Bedeutung in dein Vokabelheft oder Portfolio. Ergänze die Liste immer, wenn du auf neue Begriffe aus dem Englischen stößt.

Sprich über über einzelne TV-Programme:

*I often watch … / I`ve never watched …, / I like … /*

TV-Highlight – Late-Night-Show – Style your star – It's about you – Newstime – Medical Detectives – Two and a half men – Let's be cops – Doku-Soap – Qualifying – Best of… – The house next door – Reality-Soap – The Big Bang Theory – Fresh off the boat – Shopping Queen – Checker Tobi – Game Of Thrones – Seal Team – Wish I was here – The Walking Dead – Sketch History – Native America – Square für Künstler – Yes, Prime Minister – Ladies Night – Holiday am Süßen See – maintower weekend – The Guard – Supercup, live – Countdown zum Großen Preis – Mysteryserie – Head of State – Entertainer und ihre Idole – Let's dance-Jurorin – Sportclub Story – Crime Scene New Nork – Girls United – Kripo live – The Middle – Last man standing – 2 Broke Girls – Mom – Dreamcatcher – Running Man – Dawson's Creek – Atlanta – Medical Shining – Reiselounge – Reality Alarm! – The Day News in Review – Die Beginner– – Late-Night-Talk – First Dates – The Big Sick

# Wortschatzinhalte und Wortschatz lernen

## 2. Fernseh- und Filmwörter (words on TV and in movies)

Binger Comedy Nights – Du bist Style! – Without a trace – Seattle Firefighters – Navy CIS – Grey's Anatomy – The Good Doctor – sport inside – Spacetime – Storage Wars – Catch Me If You Can – ZIB Flash – Flashback – Unforgettable – Dragons – Fast & Furious – Rosenheim-Cops – The Following – The last stand – Death in Paradise – Der letzte Deal – The Mentalist – Party of Five Lego-Movie – Blockbuster – Spiderman – Batman – The Fantastic Four – Making Of – Bluescreen – Trailer – Cast – Casting – Cliffhanger – Director's Cut – Sound-Design – Surround Sound – Flop – Animated Film – Live Action Film – Star Wars – Taxi Driver – Trash – Remake – Running Gag – Setting – Steadycam – Storyboard – Action Movie – Cartoon – Comedy – Producer – actor – actress – tune in – Soundtrack – Freenet-TV – Pay-TV – Tuner – cable TV – commercial TV – Kino News – A Champion Heart – Angry Birds – Age Of Wonders – Queen of Rock – Terminator: Dark Fate – After the Wedding – The King's Man – The Good Liar – Fighting With My Family – Sweethearts – Gadget

TIP

Wenn dich ein Begriff besonders interessiert, eignet sich zur Klärung eine Mind Map, die du nach deiner Wahl gestaltest. Wörterbuch, Internet, Zeitschriften helfen bei der Gestaltung. So kannst du dir ganze Wortfelder erschließen und deinen Wortschatz erweitern. Du kannst erkennen, dass ein Wort oft mehrere Bedeutungen hat. Nimm dir beliebige Wörter vor und übe (auch mit einem/ Partner/in). Gehe wie im folgenden Beispiel vor:

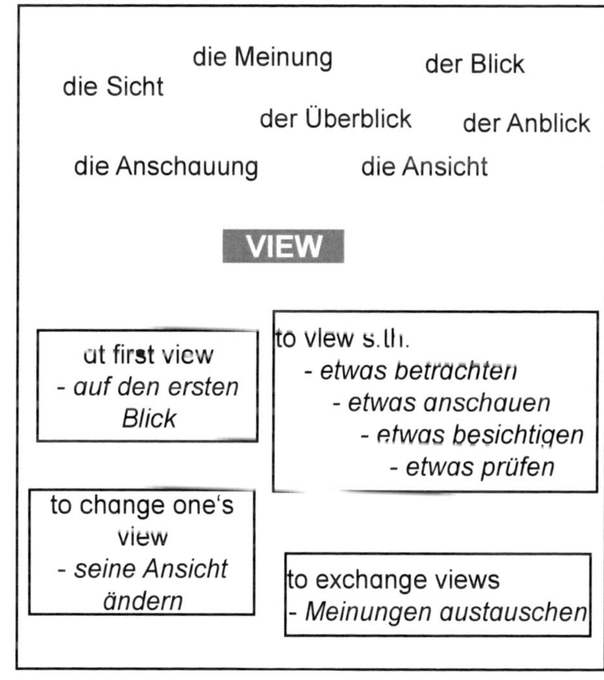

VOKaBEL-TRaINER ENGLISCH
Mit Erfolg Vokabeln lernen – Bestell-Nr. 12 388
KOHL VERLAG

## 3. Der unbestimmte Artikel a/an (the indefinite articles a/an)

Im Deutschen stehen Artikel vor einem Substantiv (Nomen) und bestimmen dessen Geschlecht. Im Englischen ist das Geschlecht im bestimmten Artikel „**the**“ nicht zu erkennen. Im Englischen gibt es nur einen bestimmten Artikel, während es im Deutschen die drei Artikel **der**, **die**, **das** gibt. Der unbestimmte Artikel tritt in den Formen „a“ und „an“ auf. Dabei wird „**an**“ verwendet, wenn am Anfang des Folgewortes ein Vokal (a, e, i, o und manchmal u) zu hören ist.

Achtung: Wird ein U am Anfang jedoch wie ein J gesprochen (Beispiel: uniform), so heißt es jedoch: **a** uniform.

Es ist ratsam, alle Nomen im Vokabelheft oder Portfolio mit Artikel aufzuschreiben und den Artikel farblich zu markieren. Das macht wirklich nicht mehr Arbeit!

Zum Üben eignet sich ein Kartenzuordnungsspiel, das in einem Kuvert oder einer Dose aufgehoben wird und beliebig erweitert werden kann.

**Das „a/an“ – game**

**1.** Schneide alle Kärtchen aus und mische sie. Lege die Liste dann wieder richtig zusammen. Rekonstruiere sie mit einem Partner.

| a | uniform | an | old uniform | a | tiger | an | Indian tiger |
|---|---|---|---|---|---|---|---|
| an | African elephant | an | elephant | an | Indian elephant | a | big elephant |
| a | bear | a | grizzly bear | an | ice bear | a | polar bear |
| a | teacher | a | Maths teacher | an | English teacher | an | American girl |
| a | football team | an | English team | a | Scottish team | an | Italian team |
| an | apple | a | green apple | an | orange | a | bitter orange |
| a | house | an | orange house | an | old house | a | new house |
| a | hero | an | American hero | a | man | an | old man |

**2.** A oder an? Schreibe die Wörter mit ihren unbestimmten Artikeln auf.

man, old man, orange shirt, house, new house, hero, Italian hero, apple, red apple

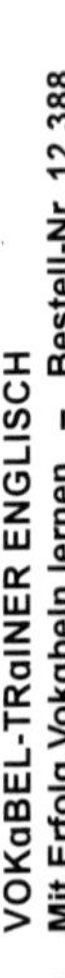

## 4. Adjektive (adjectives)

*Adjectives* sind Wörter, die die Beschaffenheit von Dingen, Wesen, Geschehen, Eigenschaften oder Umständen beschreiben (**Wie ist etwas?**). Man kann sie steigern. Je mehr Adjektive du kennst, umso genauer kannst du Dinge beschreiben und vergleichen. Deine Geschichten und Aufsätze werden dadurch interessanter.

**1.** Finde für jeden Buchstaben des Alphabets ein Adjektiv. Erstelle eine Liste in deinem Vokabelheft oder Portfolio. Verwende etwa eine halbe Seite pro Buchstabe. Ergänze sie im Laufe der Zeit.

*My adjective list*
*A angry*
*B busy*
*C clever*
*D ...*

**2a.** Lest euch über einen Zeitraum von mehreren Wochen gegenseitig die Auflistung der folgenden Adjektive vor und markiert die bekannten Wörter.

**2b.** Tragt diese in die Liste von Aufgabe 1 ein.

**2c.** Notiere Wörter, die du nachgeschaut hast, in deinem Vokabelheft/ Portfolio oder auf einer Wortkarte.

Die dir unbekannten Wörter kannst du im Wörterbuch oder im Online-Lexikon (z.B. www.leo.org) nachschlagen. Dort kannst du auch die Aussprache anhören.

**Adjectives 1** (Put them in the alphabetical order.)

brave, wet, yummy, bright, careful, careless, tasteless, cheap, disabled, bitter, doubtful, dry, cold, comfortable, complete, cool, correct, crazy, cuddly, curly, cute, daily, broad, different, difficult, busy, dangerous, dark, dead, delicious, accessible, brilliant, alone, angry, bad, beautiful, dull, big, bossy, digital, dirty, clean, dusty, juicy, rainy, boring, rotten, salty, strong, sweet, deep, weak, clever

**Adjectives 2** (Put them in the alphabetical order.)

excellent, foggy, free, exciting, good, expensive, fair, hungry, false, famous, loud, fantastic, far, fast, fearless, filthy, proud, flaky, fluffy, cuddly, exact, curly, damp, fine, boiling, freezing, broken, bumpy, chilly, creepy, hot, important, full, interesting, late, fresh, friendly, lonely, messy, dirty, dusty, early, easy, economical, heavy, helpful, embarrassed, empty, flat, funny, great, happy, hard

**Adjectives 3** (Find the opposites.)

helpless, naughty, hungry, incredible, jealous, stupid, juicy, late, lonely, lovely, loud, lucky, many, high, huge, silly, silent, small, narrow, little, quick, local, nasty, ill, important, new, next, nice, noisy, old, open, own, pretty, ready, real, special, sweet, terrible, long, tired, lazy, true, wrong, interesting, kind, large, last

**Adjectives 4** (Find a related **noun** for each adjective.)

long, open, sparkling, ugly, magnificent, normal, odd, old, old-fashioned, own, painful, perfect, poor, popular, same, safe, normal, serious, plain, short, official, sick, pale, silly, slow

**Adjectives 5** (Find a related noun for each adjective.)

alive, clean, unhappy, clever, dreadful, easy, famous, glamorous, tall, terrific, thick, thirsty, tidy, fancy, tired, adorable, trendy, ugly, elegant, unique, vast, virtual, terrible, weak, wet, thin, wide-eyed, tight, wild, windy, wonderful

## 4. Adjektive (adjectives)

Ein **word web** gleicht einer Mind Map. Es gibt jedoch keine Symbole oder Bilder.

**3.** Erstelle ein **word web**, indem du so viele Adjektive wie möglich auswählst, die ein bestimmtes Nomen beschreiben. Das word web eines anderen Schülers kann durchaus ganz anders aussehen.

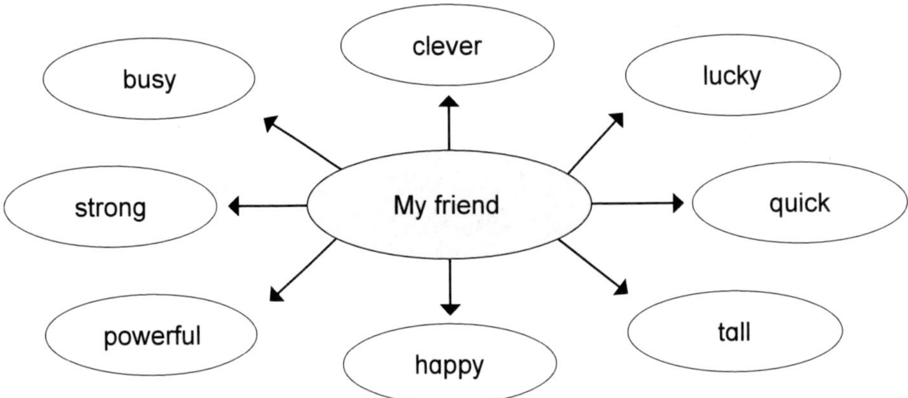


**4.** Welche Wörter gehören zusammen? Färbe die Wortpaare gleich oder nummeriere sie. Schreibe sie auf.

**a)**

| | | | | | |
|---|---|---|---|---|---|
| sad | sick | gut | hot | krank | glücklich |
| wrong | lucky | falsch | terrible | happy | right |
| Glück bringend | schlecht | terrific | good | schrecklich | kalt |
| richtig | traurig | heiß | großartig | bad | cold |

**b)**

| | | | | | |
|---|---|---|---|---|---|
| fine | old | unhappy | tired | young | big |
| long | short | small | difficult | ill | dangerous |
| jung | kurz | alt | lang | krank | klein |
| müde | gut | schwierig | gefährlich | unglücklich | groß |

**c)**

| | | | | | |
|---|---|---|---|---|---|
| ☐ light | ☐ empty | ☐ full | 1 verschieden | 2 schwer | 3 schön |
| ☐ beautiful | ☐ cheap | ☐ heavy | 4 leicht | 5 teuer | 6 leicht |
| ☐ different | ☐ easy | ☐ difficult | 7 billig | 8 nett | 9 leer |
| ☐ nice | ☐ expensive | ☐ ugly | 10 hässlich | 11 voll | 12 schwierig |

**d)** Erstelle für deine/n Partner/in ähnliche Übungskästen. Ihr könnt auch Memo- oder Domino®-karten basteln und damit spielen.

**e)** Schreibe alle Adjektive in eine alphabetische Wortliste.

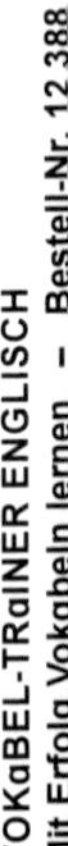

# Wortschatzinhalte und Wortschatz lernen

## 4. Adjektive (adjectives)

**5.** Odd word out

**a)** Welches Wort gehört nicht in die Reihe?

_______________________________________

_______________________________________

_______________________________________

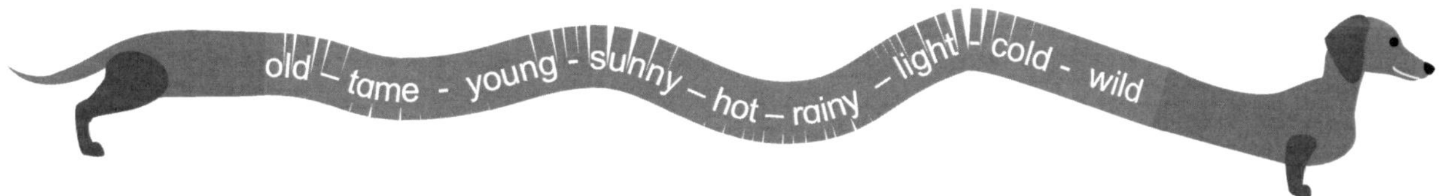


_______________________________________

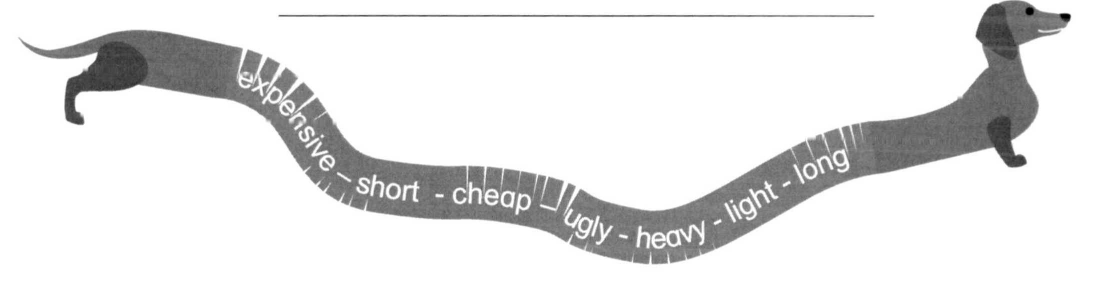


_______________________________________

**b)** Erstelle selbst mindestens drei solche Wortreihen für einen Partner.

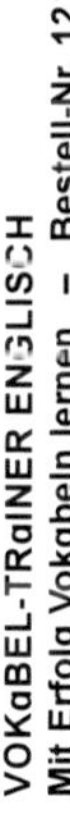

## 5. Reimwörter (rhyming words)

Je größer dein Wortschatz ist, desto besser kannst du auch reimen. Ergänze die Tabelle von Zeit zu Zeit.

| bad | quite | rail | ball | stare | ache |
|---|---|---|---|---|---|
| had | light | sail | call | scare | bake |
| mad | right | scale | fall | share | fake |
| pad | might | snail | gall | spare | lake |
| sad | white | trail | hall | square | make |
| tad | tight | vale | mall | there | brake |
| clad | knight | wail | tall | where | break |
| fad | night | whale | wall | aware | flake |
| dad | white | detail | crawl | beware | quake |
| ad | fight | email | small | compare | snake |
| | flight | | stall | declare | stake |
| | kite | | baseball | despair | steak |
| | | | football | prepare | awake |
| | | | | repair | mistake |
| | | | | unfair | rake |
| | | | | | sake |
| | | | | | take |
| | | | | | wake |

KOHL VERLAG
VOKaBEL-TRaINER ENGLISCH
Mit Erfolg Vokabeln lernen – Bestell-Nr. 12 388

# Wortschatzinhalte und Wortschatz lernen

## 5. Reimwörter (rhyming words)

**1.** Welche Wörter klingen gleich und reimen sich? Male sie in der gleichen Farbe an oder nummeriere sie. Schreibe sie in dein Portfolio/Vokabelheft. Dazu legst du ein Kapitel mit der Überschrift *Reimwörter – Rhyming words* an.

**a)**

| name | top | make | cake | mother | white |
|---|---|---|---|---|---|
| she | you | brother | tree | take | I |
| two | he | street | shop | game | write |
| meet | see | book | look | cake | my |

**b)**

| show | ten | door | lake | door | toy |
|---|---|---|---|---|---|
| tree | white | four | me | eat | top |
| come | meet | snow | stop | hen | sheep |
| right | mum | deep | floor | boy | make |

**c)**

| high | wall | through | any | are | fair |
|---|---|---|---|---|---|
| hair | day | hot | sky | star | soul |
| old | bowl | away | cold | you | pot |
| quite | tonight | white | tall | light | penny |

**d)**

| water | wait | bird | herd | hall | dog |
|---|---|---|---|---|---|
| down | she | show | sea | deep | nice |
| call | crown | daughter | frog | great | hair |
| mice | go | there | knee | sheep | see |

**e)**

| please | hat | shoe | late | break | sing |
|---|---|---|---|---|---|
| bell | that | cat | go | nine | dead |
| fat | king | geese | well | eight | day |
| bread | toe | away | two | take | fine |

VOKaBEL-TRaINER ENGLISCH
Mit Erfolg Vokabeln lernen – Bestell-Nr. 12 383
KOHL VERLAG

## 6. Präpositionen (prepositions)

Die **prepositions** (Präpositionen oder Verhältniswörter genannt) zeigen **Verhältnisse oder Beziehungen** zwischen zwei Wörtern (meist Nomen) in einem Satz auf. Die Liste der sogenannten **Preps** ist ziemlich lang.

Deshalb ist es sinnvoll, die Wörter beim Aufschreiben richtig zu ordnen.

Meistens werden sie wie folgt unterschieden und geordnet:

| | |
|---|---|
| **Prepositions of time**: | during, before, while, after, at, on, in, until, within, for, from to, past, after, ago, since |
| **Prepositions of place / location**: | on, in, at, under, in front of, behind, opposite, among, between, beside, near, next to, over, among, outside, inside, beside, underneath, by, on the left, on the right, against |
| **Prepositions of movement/ direction**: | out of, into, onto, from … to, up, down, over, across, through, along, round, towards, off |
| **Prepositions used in other cases**: | by, of, about, with; example: a book **by** Grisham, to cups **of** tea, **about** six hours, **with** butter, not **for** sale |

**Prepositions in phrasal verbs**: Leicht zu merken sind Präpositionen, die sich bildlich darstellen lassen, weil du sie dir über das fotografische Gedächtnis schnell einprägen kannst. Stelle dir einfach das Bild vor.

Großen Spaß macht es, Situationen mit Präpositionen selbst zu gestalten: Bilder zeichnen, fotografieren, ausdrucken und in ein Raster einkleben, das wiederum als Spielvorlage genutzt werden kann: Memo-Karten, Domino®, Würfelspiel, Tandemkärtchen. Ihr könnt mit Gegenständen wie Stofftieren, Musikinstrumenten, technischen Geräten o.ä. Situationen/Präpositionen darstellen und gegenseitig verändern.

Ihr könnt auch ein **Klassenposter** erstellen, indem ihr euch selbst gegenseitig fotografiert (z.B. „**auf** dem Stuhl", „**unter** dem Tisch" etc.). Das ist ein schöner und hilfreicher Klassenschmuck und wirkt auf alle Betrachter (z.B. Elternabend, Schulfest, Projektarbeit etc.).

## 6. Präpositionen (prepositions)

1. Übertrage die Tabelle in dein Vokabelheft/Portfolio. Erstelle ein Bild (oder eine Fotowand) zu jeder Gruppe der Präpositionen. Ergänze, wenn dir neue Präpositionen begegnen.

2. Bilde vollständige Sätze mit den Preps.
   Beispiel: The little child is climbing up a wall. The cat is sitting on the table. The dog is under the blanket.

### Prepositions of place

| | | | |
|---|---|---|---|
| up | on | under | through |
| above | along | across | below |
| onto | into | over | around |
| off | near | next to | in front of |
| behind | among | between | down |
| out of | on top of | opposite | inside |



VOKaBEL-TRaINER ENGLISCH
Mit Erfolg Vokabeln lernen – Bestell-Nr. 12 388
KOHL VERLAG

## 6. Präpositionen (prepositions)

**3.** Check: Hast du in der folgenden Übung alles richtig, erhältst du ein Lösungswort.

**Prepositions of time**

(Bearbeite zuerst die linke Spalte.)

| 1. | **I get up late ….. the holidays.** |
|---|---|
| **W** | while |
| **O** | between |
| **L** | for |
| **F** | during |

| 2. | **There are no trains ... four and five o'clock.** |
|---|---|
| **S** | during |
| **O** | between |
| **F** | in |
| **T** | behind |

| 3. | **Can you finish that ... four o'clock?** |
|---|---|
| **L** | for |
| **O** | by |
| **F** | since |
| **T** | between |

| 4. | **School starts ….. eight o'clock.** |
|---|---|
| **S** | on |
| **O** | behind |
| **F** | during |
| **T** | at |

| 5. | **I'll meet her ... half an hour.** |
|---|---|
| **B** | in |
| **E** | while |
| **A** | at |
| **T** | since |

| 6. | **The Millers will visit me ... Monday.** |
|---|---|
| **C** | in |
| **A** | on |
| **K** | during |
| **E** | past |

| 7. | **Joe waited for Jenna ... three o'clock. But she didn´t come.** |
|---|---|
| **G** | for |
| **O** | between |
| **A** | since |
| **L** | until |

| 8. | **Please do your homework ...the next hour.** |
|---|---|
| **C** | before |
| **O** | in |
| **L** | within |
| **D** | until |

Lösungswort: 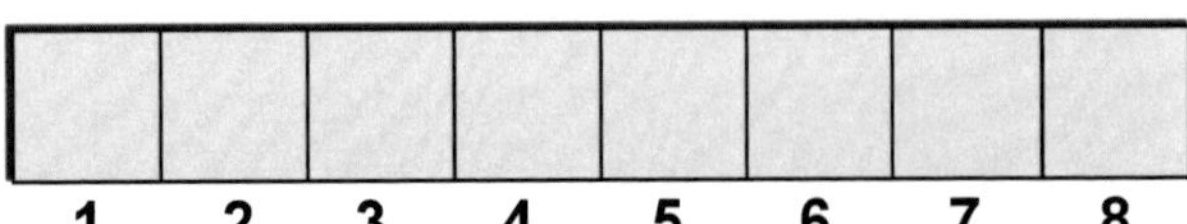

**1. 2. 3. 4. 5. 6. 7. 8.**

VOKaBEL-TRaINER ENGLISCH
Mit Erfolg Vokabeln lernen – Bestell-Nr. 12 388
KOHL VERLAG

## 7. Verben und Partikel (phrasal verbs)

**Phrasal verbs** nennt man zusammengesetzte Formen aus **Verb** und einem **Partikel**, hier einer **Präposition**. Die Bedeutung des Verbs hängt von der Präposition ab. Tauscht man diese aus, hat das Verb eine andere Bedeutung. Beispiele: to look *up* (nachschlagen), to look *forward* (sich freuen auf), to look *for* (suchen), to ask (fragen), to ask *about* (fragen nach), to ask *for* (um etwas bitten).
Phrasal verbs gibt es hunderte, es bleibt nichts anderes übrig, als sie zu lernen, zu wiederholen und immer wieder zu üben.

Mache es dir zur Gewohnheit, jeden Text nach phrasal verbs zu untersuchen. Unterstreiche sie und notiere ihre Bedeutung in deinem Portfolio.

Dies kann auch in Partnerarbeit geschehen. Ihr könnt euch gegenseitig abfragen und austauschen.

Legt euch Tandemkärtchen an mit dem deutschen Verb auf der einen und dem englischen Verb auf der anderen Seite. Dein Partner liest das englische Verb vor. Du nennst die deutsche Übersetzung. Richtig? Dein Partner kontrolliert. Nach einigen Kärtchen wird gewechselt. Ihr könnt auch einen Wettbewerb daraus machen. Führt eine Liste mit den Treffern. Verwendet die Verben auch in ganzen, kurzen Sätzen. Auch diese kannst du auf die Übungs-Kärtchen schreiben.

**1.**

**a)** Hier eine kleine Auswahl zur Übung mit den Tandemkärtchen. Übertrage und ergänze die Liste.

**b)** Bilde Beispielsätze.

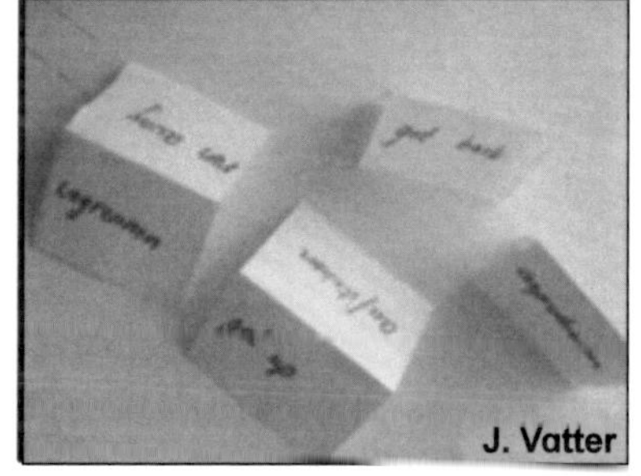
J. Vatter

| look for | etwas suchen | look after | aufpassen auf |
|---|---|---|---|
| look forward to | freuen auf | look up | etwas nachschlagen |
| look at | anschauen | look over | etwas durchsehen |
| look in | vorbeischauen | look out | Ausschau halten |
| agree on | sich einigen | agree to | zustimmen zu etwas |
| agree with | jmd. beistimmen | get to | hinkommen |
| get ahead | vorankommen | get along | sich gut verstehen |
| apply for | sich bewerben | believe in | glauben an |
| calm down | sich beruhigen | carry on | weitermachen |
| jump in | reinspringen | keep on | weitermachen |
| move in | einziehen | put together | zusammenstellen |

## 7. Verben und Partikel (phrasal verbs)

**2.** Übersetze die folgenden Sätze:

Tom is looking for his skateboard. Perhaps it has been stolen.
I'm looking forward to seeing you soon.
Could you look over my report, please?
I must look up some words in your dictionary.
Don't look back on the last weeks in anger.
Do you often have to look after your little sisters?
Look out for Tina while you are waiting for me.
Look out for the snakes while you are travelling through Asia.
Don't look down at immigrants.
Please look in during the holidays.

## 8. Nomen (nouns)

**Nouns** nennt man im Deutschen *Nomen, Substantive* oder *Namenwörter*. Namenwörter werden im Deutschen immer **groß geschrieben** und bezeichnen **(Eigen-) Namen** (*Thomas*), **Lebewesen** (*Katze*), **Dinge** (*Füller*) oder **Begriffe** (*Begegnung*). Nomen können im Deutschen von einem **bestimmten** Artikel (*der, die, das*) begleitet werden oder von einem **unbestimmten Artikel** (*eine, ein*). Den bestimmten Artikel nimmst du, wenn etwas ganz Bestimmtes gemeint ist (*der da, die da, das da*). Dieser bestimmte Artikel sagt uns im Deutschen auch, welches Geschlecht jedes Nomen hat. Im Englischen ist das anders! Da gibt es nur **the**, **a**, **an**. Die Mehrzahl (*Plural*) kann man aber bei fast allen Nomen bilden. Im Plural heißt der bestimmte Artikel ebenfalls **the**. Er ändert sich nicht. Beispiel: *the apple / the apples*

Schreibe die Wörter alphabetisch geordnet auf. Dazu musst du das ABC können. Im alphabetischen Wörterverzeichnis deines Englischbuches kannst du die Alphabetisierung nachschauen. Du kannst dir das Alphabet auch auf einen „Spickzettel" schreiben, z.B. in dein Portfolio oder in dein Hausaufgabenheft. Hauptsache, du hast es immer parat. Damit klappt die Sortierung schnell.

Je öfter du sortierst und das Alphabet dabei übst, desto schneller wirst du beim Sortieren der Wörter. Probiere es aus!



KOHL VERLAG VOKaBEL-TRaINER ENGLISCH
Mit Erfolg Vokabeln lernen – Bestell-Nr. 12 388

# Wortschatzinhalte und Wortschatz lernen

## 8. Nomen (nouns)

**Besonderheiten in der Pluralform**

**1.** Put the nouns in the alphabetical order and write down the plural form (**-ves**).
calf, knife, life, elf, half, hoof, wife, wolf, shelf, thief

**2.** Put the nouns in the alphabetical order and write down the plural form.

| carp, species, child, foot, fruit, aircraft, moose, salmon, deer, fish, sheep, mouse, ox, tooth, goose, man, woman |
|---|

Hier sind noch ein paar Übungsformen, die abwechslungsreich und motivierend sind.

**3.** Put the nouns in the alphabetical order. (*Du kannst die Wörter aufschreiben, sie ausschneiden und die Wortstreifen auf dem Tisch verschieben. So kannst du Fehler schnell korrigieren.*)

| bear, aunt, answer, afternoon, airport, ambulance, anorak, accident, atmosphere, account, assistant, autumn, anticipation, average, bandage, apartment, appointment, attraction, bathroom, battle, alphabet, adventure, beach, binoculars, assembly, activity, attachment, adult |
|---|

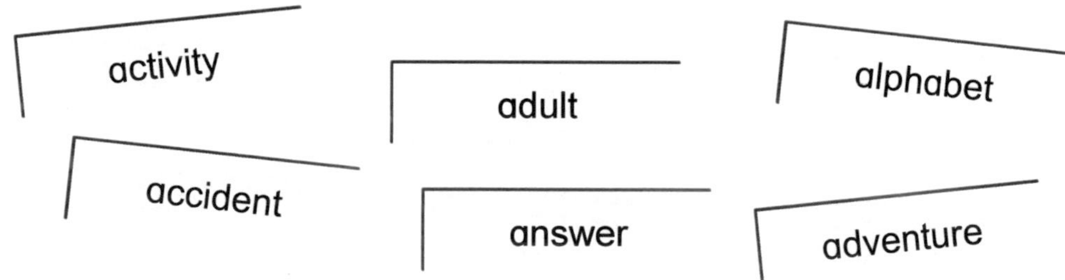


**4.** Find the words in the sausage dog. (*Löse zuerst die Wörterschlange auf. Schreibe die Wörter einzeln auf.*)

centreboardbirthplacebrochurebrothercloudcoachcoll-
ectionbucketbudgiebusinessbuttoncafeteriacagecalen-
darcalculatorbottleboyfriendbreakfastcolour
connectioncartridgecathedralcelebrationbookshelfboots
cheesechocolatechurchcinemacontinent



KOHL VERLAG
VOKaBEL-TRaINER ENGLISCH
Mit Erfolg Vokabeln lernen – Bestell-Nr. 12 388

# Wortschatzinhalte und Wortschatz lernen

## 8. Nomen (nouns)

**5.** Put the nouns in the alphabetical order. (Schreibe die Wörter zuerst aus dem Suchsel heraus).

| | | | | | | | | | | | | | | | | | | | | | | | |
|---|---|---|---|---|---|---|---|---|---|---|---|---|---|---|---|---|---|---|---|---|---|---|---|
| | | | | | | e | x | p | l | o | r | e | r | | | | | | | | | | |
| | | | | | e | x | e | r | c | i | s | e | | | | | | | | | | | |
| | | | | | c | h | e | e | s | e | | | | | | | | | | | | | |
| | | | | | d | i | a | l | o | g | u | e | | | | | | | | | | | |
| | | d | o | o | r | b | e | l | l | | | | | | | | | | | | | | |
| | | f | e | s | t | i | v | a | l | f | c | | | | | | | | | | c | | |
| | | l | d | i | c | t | i | o | n | a | r | y | | | | | | | e | | h | | |
| | | a | | | h | i | | | | m | e | | | | d | o | w | n | l | o | a | d | |
| | | s | | | i | o | | | h | e | a | d | p | h | o | n | e | s | e | | i | | |
| | | h | | | c | n | | | e | | m | | | | n | | v | | c | | n | | |
| | | c | | | k | | | | a | | | | | | k | | e | | t | | | | |
| | | a | | | e | c | | | d | | | | | | e | | n | | r | | | | |
| | | r | | | n | u | | | m | | | | | f | y | | i | | i | | | | c |
| | | d | e | s | k | s | | | a | | | | | i | | | n | | c | | | | h |
| | | | | | | h | c | u | s | t | o | m | e | r | | | g | c | i | n | e | m | a |
| | f | i | r | e | f | i | g | h | t | e | r | | | e | | | | u | t | | | | i |
| | r | | | | | o | | f | e | | | | c | w | | | | p | y | | | | r |
| | u | | | c | | n | f | u | r | | | f | o | o | d | | | b | | | | | |
| c | i | r | c | l | e | | | n | | | | | r | r | | | | o | | | | | |
| | t | | | o | | | | | | | | | n | k | | | | a | | | | | |
| c | o | u | n | t | d | o | w | n | | | | | e | s | | | | r | | | | | |
| | | | | h | | | | d | i | f | f | e | r | e | n | c | e | d | | | | | |
| | | | | e | n | g | i | n | e | e | r | | | | | | | | | | | | |
| | | | | s | | | | | | | | | | | | | | | | | | | |

**6.** **a)** Write down the nouns from the box.

**b)** Build complete sentences with each of them.

mEAt, meSSage, gUy, harbOUr, newsPAper, oRDer, hiGHlight, hOOdle, hoRSe, grOUp, gUItar, inVEntion, invVITation, leTTer, lesSOn, liFe, picTUre, playGRound, plaYOffs, pLUg, inVENtor, lanGUAge, perFORmance, magAZIne, mAp, prICe, prESent, queSTion, mATch, inforMAtion, instRUCtion, mONkey, mONth, musiCIan, mySTery, praCTIce, riDe, roLe, proNUNciation, neiGHbour, niGHt, nOIse, noTEs, pAGe, pAlm, paRRot, jacKEt, jUIce, pEOple, plANe, roAd, raCKet, reCEPtionist, rUle, raBBit, rulEr

**7.** Find the missing letters. Fill in the gaps. Write them down with their indefinite article (a/an).

sal_, sent_nce, sh_et, should_r, aircr_ft, sp_ceship, sp_rit, opp_rtunity, skyscr_per, saus_ge, squ_re, st_ge, t_nt, tom_to, ov_n, surpr_se, sweatsh_rt, univ_rsity, t_sk, teasp_on, tow_l, s_gn, sk_ll, sm_ggler, tr_uble, vac_tion, ap_le, veg_table, v_llage, vis_tor, sanctu_ry, _sland, waitr_ss, umbr_lla, wardr_be, whe_lchair, w_man, zook_eper, el_ction

VOKaBEL-TRaINER ENGLISCH
Mit Erfolg Vokabeln lernen – Bestell-Nr. 12 388

## 8. Nomen (nouns)

Wenn du die Bedeutung eines Wortes nicht kennst, schlage es nach oder suche es im Internet (z.B. auf www.leo.org). Dort kannst du auch die Aussprache anhören.

**8.** Notiere die Wörter aus den Aufgaben 6 und 7, die dir unbekannt waren, in deinem Portfolio/Vokabelheft oder auf einer Wortkarte.

**9.** **a)** Schau dir die Tabelle an. Finde jeweils die deutsch-englischen Wortpaare.

**b)** Schreibe das englische Wort noch einmal dahinter.

| | English | | German | English |
|---|---|---|---|---|
| 1 | address | | Antwort | |
| 2 | activity | | Schlafzimmer | |
| 3 | adult | | Bär | |
| 4 | adventure | 1 | Adresse | address |
| 5 | afternoon | | Schulversammlung | |
| 6 | alphabet | | Beschäftigung | |
| 7 | animal | | Tasche | |
| 8 | answer | | Basketball | |
| 9 | anticipation | | Abenteuer | |
| 10 | apple | | Baby | |
| 11 | appointment | | Banane | |
| 12 | art | 3 | Erwachsener | adult |
| 13 | assembly | | Tier | |
| 14 | baby | | Nachmittag | |
| 15 | babysitter | | Bett | |
| 16 | bag | | Bananenschale | |
| 17 | ball | | Alphabet | |
| 18 | banana | | Vorfreude | |
| 19 | banana skin | | Babysitter | |
| 20 | basketball | | Verabredung | |
| 21 | bathroom | | Fahrrad | |
| 22 | battle | | Kunst | |
| 23 | beach | | Apfel | |
| 24 | bean | | Ball | |
| 25 | bear | | Vogel | |
| 26 | bed | | Wettstreit | |
| 27 | bedroom | | Bohne | |
| 28 | bike | | Geburtstag | |
| 29 | bird | | Badezimmer | |
| 30 | birthday | | Strand | |

knicken

**10.** Erstelle selbst solche Aufgaben für deinen Partner.

## 9. Sammelbezeichnungen / Gruppenbezeichnungen (collective nouns)

Als **collective nouns** bezeichnet man **Sammelbezeichnungen**, die sich im Englischen normalerweise auf **eine Gruppe** von Menschen beziehen, d.h. alle Mitglieder, die zu dieser Gruppe gehören.

Beispiele: *army, audience, band, choir, class, company, council, crew, family, government, group, jury, orchestra, party, public, staff, team*

**Collective Nouns** mit *of* als Sammelbezeichungen

Als Sammelbezeichnung für bestimmte **Gruppen von Tieren, Menschen oder Dingen** verwendet man im Englischen **Collective Nouns** mit

***of* + Nomen** (**meistens**) **im Plural**.

Beispiele:

**A pack of** wolves/ lies/ cards/ hounds/ nonsense/ thieves/ gum/ cigarettes/ films ...
**A herd of** buffalo/ bison/ giraffes/ swine/ cows/ elephants ...
**A flock of** seagulls/ sheep/ birds/ wethers[1] ...
**A swarm of** butterflies/ birds/ fish/ insects/ bees ...
**A gang of** youths/ criminals/ murderers/ crooks[2] ...
**A board of** directors/ control/ advisers/ administration[3] ...
**A panel of** experts/ judges ...
**A bunch of** flowers/ bananas/ keys/ roses/ grapes/ thieves[4] ...
**A fleet of** ships/ aircraft/ lorries/ goods wagons/ cars/ vehicles/ freight cars/ ...
**A pile of** books/ rubbish/ washing/ stones/ documents/ wood/ money ...
**A series of** breakdown, numbers, experiments, lectures
**A stack of** books, boards, logs, planks, wood, documents
**A set of** teeth, scales, regulations
**A troupe of** actors
**A mob of** people[5]
**A shoal/school of** fish

[1] Hammelherde, [2] Gaunerbande, [3] Verwaltungsrat, [4] Räuberbande, [5] Menschengewühl

VOKaBEL-TRaINER ENGLISCH
Mit Erfolg Vokabeln lernen – Bestell-Nr. 12 388
KOHL VERLAG

## 9. Sammelbezeichnungen / Gruppenbezeichnungen (collective nouns)

1. a) Lies dir die Auflistung auf Seite 30 gut durch.
   b) Zeichne die beiden Tabellen in dein Vokabelheft / Portfolio und ordne die Nomen richtig zu.
   c) Erstelle verschiedene *Mind Maps*.

cards nonsense cigarettes flowers bananas ships films swine cows
elephants seagulls sheep birds bison giraffes rubbish wethers advisers
administration butterflies birds fish insects cars vehicles bees youths
criminals murderers wolves lies documents wood money crooks directors
control experts hounds books thieves gum goods wagons judges keys
roses grapes thieves aircraft lorries buffalo freight cars washing stones

| a pack of | a bunch of | a herd of | a panel of | a flock of |
|---|---|---|---|---|
| | | | | |

| a swarm of | a fleet of | a gang of | a board of | a pile of |
|---|---|---|---|---|
| | | | | |

**zu c)** Beispiel:

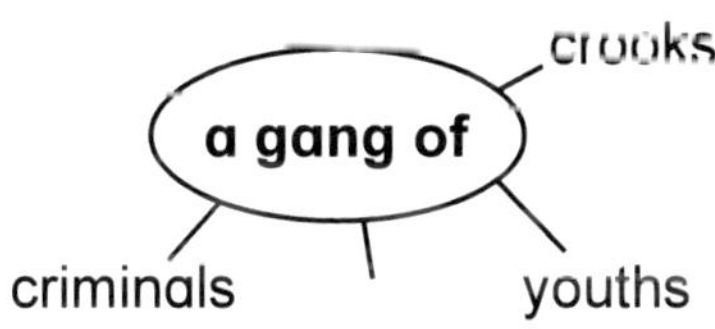


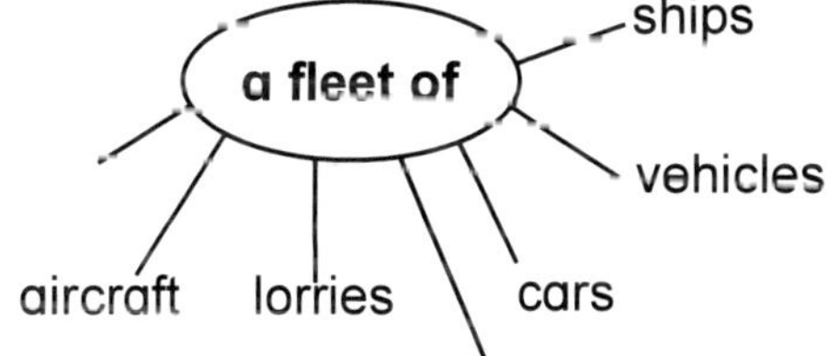

Wenn dir im Laufe deiner Text- und Dialogarbeit **collective nouns** begegnen, richte eine entsprechende Seite im Vokabelheft oder Portfolio ein, trage den entsprechenden Satz ein und markiere das **collective noun**.

Und was ist nun der Unterschied zwischen den **collective nouns** mit ***of*** und den **Mengenangaben** (z.B. **a pound of** butter)? Die Mitglieder der **collective nouns** kann man **zählen** (z.B. **a herd of** bisons).

VOKaBEL-TRaINER ENGLISCH
Mit Erfolg Vokabeln lernen – Bestell-Nr. 12 388
KOHL VERLAG

## 10. Wort im Wort (word in a word)

Wenn du Wörter genau anschaust, kannst du in vielen Wörtern erkennen, dass sich in ihnen noch ein anderes Wort „versteckt".

Notiere das Ausgangswort in deinem Vokabelheft und markiere das entdeckte neue.

Beispiel: Ger**many**

Doch aufgepasst! Das „Wort im Wort" wird ganz anders ausgesprochen.

Beispiel: four – our. Die richtige Aussprache kannst du auf einer Internetseite mit Sprachfunktion überprüfen, z.B. *leo.org*.

Also los! Werde zum Wortdetektiv und Wörterfinder!

**1. a)** Welches Wort hat sich hier jeweils versteckt?

**b)** Schaue die Wörter, die du nicht gekannt hast, im Wörterbuch oder Internet nach. Notiere sie in deinem Vokabelheft / Portfolio.

| German | Word in a word 1 |
|---|---|
| | **four – our** , early – , flight – ,<br>teach – , teacher – , flower – , Germany – , fall – , enjoy – , Thursday – ,<br>television – , wear – , hear – , know – ,<br>chair – , exact – , price – , table – ,<br>colour – , there- , thought – , told – ,<br>sold – , follow – , follower – , throw – ,<br>arrow - , train – , call – , cable – ,<br>town – , knowledge - |

## 10. Wort im Wort (word in a word)

**2. a)** Welches Wort hat sich hier jeweils versteckt?

**b)** Schaue die Wörter, die du nicht gekannt hast, im Wörterbuch oder Internet nach. Notiere sie in deinem Vokabelheft/Portfolio.

| German | Word in a word 2 |
|---|---|
| | catch – cat, chat – , clap – , cloak – , glove – , plate – , husband – . great – , drink – , sink – , cottage – , cloudy – , farm – , dice – , tall – , down – , reason – , courier – , where – , spring – , through – , waiter – , wall – , when – , year – , carrot – , yellow – , arrow – , message – , season – – , stall – , what – , hour – , against – , police – , busy – , language – , earth – |

**3. a)** Partnerarbeit. Erstellt jeweils eine eigene Karte wie in den Aufgaben 1 und 2. Tauscht sie aus.

**b)** Jeder schaut die Wörter, die er nicht gekannt hat, im Wörterbuch oder Internet nach. Notiert sie in eurem Vokabelheft / Portfolio.

| German | Word in a word |
|---|---|
| | |

**4.** Finde Wörter, in denen die Wörter „**ice**“, „**are**“ oder „**now**“ versteckt sind. Du kannst mit einem Partner arbeiten. Verwendet ein Wörterbuch oder schaut im Internet (z.B. *leo.org*) nach.

| ice | are | now |
|---|---|---|
| | | |

VOKaBEL-TRaINER ENGLISCH
Mit Erfolg Vokabeln lernen – Bestell-Nr. 12 388
KOHL VERLAG

# Teil B Wortschatzinhalte und Wortschatz lernen

## 11. Pluralformen (plural forms)

Wir unterscheiden **zählbare** und **unzählbare Nomen**. **Zählbare** (*countable nouns*) haben eine **Singular- und eine Pluralform**. Man kann bestimmte und unbestimmte Artikel vor die Einzahl und Zahlenangaben vor die Mehrzahl stellen.

**Unzählbare** (*uncountable nouns*) Nomen haben **nur eine Form**: butter, glass, people, wood, time, money, water, milk. Um sie zählbar zu machen, benötigen wir andere Einheiten wie „**a bottle of**", „**two glasses of**".

Am besten markierst du immer diese Mengeneinheiten (in Texten, im Vokabelheft oder Portfolio). Übertrage dazu die Tabelle in dein Vokabelheft / Portfolio:

**1.** Write the plural words from the box in the correct column.

| | | | | | |
|---|---|---|---|---|---|
| tooth | baby | family | leaf | woman | glass |
| clock | watch | fox | brush | bush | box |
| knife | mouse | day | wolf | dog | tomato |
| fish | child | actor | actress | banana | exercise |
| strawberry | country | library | orange | city | cherry |
| nationality | activity | man | waiter | sheep | waitress |
| party | difference | paper | tea | money | sand |
| village | coffee | barrel | subject | flour | tent |
| honey | homework | foot | deer | church | bag |
| equipment | goose | furniture | powder | suitcase | book |
| car | wall | life | bus | fork | house |

| -s | -es | -ies | -ves | irregular forms |
|---|---|---|---|---|
| | | | | |
| | | | | |
| | | | | |
| | | | | |
| | | | | |
| | | | | |



VOKaBEL-TRaINER ENGLISCH
Mit Erfolg Vokabeln lernen – Bestell-Nr. 12 388
KOHL VERLAG

## 12. Wortfamilien

Wortfamilien sind Wortsammlungen, die ganz eng miteinander zusammenhängen. Je größer dein Wortschatz ist, desto mehr kannst du über diese Bereiche aussagen und berichten.

**1.** Folgende Beispiele von **Wortfamilien** (**word families**) kannst du leicht erweitern:

**Music**: singer – band – rock star - …
**Shopping**: buy – sell – go shopping - …
**Adverbs of frequency**: often – never – always - …
**Money**: pound – money – pence -
**Directions**: turn right – straight on – down the road - …
**Time**: hour – minute – time - …
**Food**: hot dog – fishburger – sandwich –

Gestalte in deinen Vokabelheft / Portfolio verschiedene **word webs** (siehe Seite 18)

## 13. Mengenangaben (countable / uncountable nouns)

**Unzählbare Nomen zählbar machen**

Auch wenn die **uncountable nouns** selbst **nicht zählbar** sind, können wir verschiedene Einheiten (*Verpackungen*) verwenden, um sie zu zählen (*z. B.: a bottle of / a grain of / a glass of / a loaf of / a piece of / a kilo of / a gram of …*). **Wir zählen** in dem Fall **die Verpackung** und nicht das *uncountable noun.*

**1.** Bilde mit den folgenden nützlichen englischen Ausdrücken zum Einkaufen jeweils einen kompletten Satz.

**a glass of** milk, water, juice **a bottle of** water, wine, beer **a can of** cola, soft drink
**a slice of** bread, cake, pizza **a cup of** coffee, tea **a grain of** rice, salt, sand
**a loaf of** bread **a litre of** water, milk, oil **a jar of** honey, butter, jam
**a block of** gold, chocolate **a bowl of** pasta, yogurt **a gram of** flour, butter, rice **a kilo of** flour, butter, potatoes **a spoon of** sugar **a bar of** chocolate, soap, gold **a bunch of** flowers **a box of** matches, biscuits **a packet of** cigarettes, crisps **a mug of** coffee **a bowl of** muesli
**a piece of** bread, paper, information, advice, chewing gum, equipment, furniture, luggage, news

| Beispiele: | Can I have a glass of water and three glasses of juice for my friends, please? |
|---|---|
| | I need a kilo of beef and 400 grams of rice. |
| | |
| | |

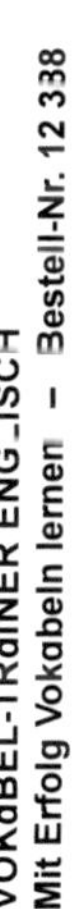

# Wortschatzinhalte und Wortschatz lernen

## 13. Mengenangaben (countable / uncountable nouns)

**2.** Ordne den Bildern eine Mengenangabe zu. Finde fünf weitere Beispiele.

| | | | | |
|---|---|---|---|---|
| | | | | |
| a glass of ... | | | | |

| | | | | |
|---|---|---|---|---|
| | | | | |
| | | | | |

**3.** Was passt zur Mengeneinheit links? Es gibt mehrere Möglichkeiten.
Setze einen Haken hinter die Lösungen.

| | | | | | | | | |
|---|---|---|---|---|---|---|---|---|
| a piece of | furniture | | bread | | milk | | rice | |
| a cup of | tea | | chocolate | | sugar | | coffee | |
| a glass of | juice | | milk | | water | | honey | |
| a slice of | butter | | bread | | pizza | | chocolate | |
| a loaf of | wine | | bread | | cake | | pizza | |
| a bottle of | water | | jam | | wine | | beer | |
| a block of | gold | | bread | | chocolate | | cake | |
| a jar of | jam | | honey | | chocolate | | rice | |
| a kilo of | rice | | flour | | juice | | information | |
| a grain of | salt | | rice | | tea | | sand | |
| a bowl of | cereal | | yogurt | | water | | chocolate | |

## 14. Vergangenheit (I) - Simple Past (regular / irregular verbs)

In der **einfachen Vergangenheit** (*Simple Past*) gibt es im Englischen **zwei Gruppen von Verben**:
Die **regular verbs** (*regelmäßige Verben*) und die **irregular verbs** (*unregelmäßige Verben*).
Die **regular verbs** bildest du, indem du **-ed** an das Verb im Infinitiv anhängst (Beispiel: (to) play – play**ed**). Beim Anhängen von **-ed** musst du Besonderheiten berücksichtigen: y wird zu i (carr**y** – carr**ied**), das e ist schon im Verb vorhanden (complet**e** – complet**ed**)
Die **irregular verbs** musst du lernen (!!!). Es führt kein Weg daran vorbei. Sie haben eine andere Form (du findest sie in der 2. Spalte deiner Tabelle im Schulbuch). <u>Beispiel</u>: (to) go – went; (to) keep - kept

# Wortschatzinhalte und Wortschatz lernen

## 14. Vergangenheit (I) - Simple Past (regular / irregular verbs)

**1.** Setze die richtige Form des Simple Past in die Lücken ein und schreibe die deutsche Bedeutung im Infinitiv (Grundform) auf.

**2.** Schreibe die Verben, deren Vergangenheitsform du nicht gewusst hast, in dein Vokabelheft / Portfolio. Ordne sie nach **regular verbs** und **irregular verbs**. Markiere die Besonderheiten farbig (z. B. closed).

| German | Simple Past |
|---|---|
| schließen, | Regular verbs<br><br>clos**ed**, open..., clean...,wash..., play…, follow..., watch..., act..., agree..., answer..., arrive..., ask...,<br><br>call..., complete..., carry (!)………., jump... |
| gehen, | Irregular verbs<br><br>(go) Yesterday I **went** to the cinema.<br><br>(go) My sister …………… with me there by bus.<br><br>(meet) We …….. our friends there.<br><br>(take) We …………. place in comfortable chairs.<br><br>(sit) We all…………………………… next to each other.<br><br>(drink - eat) We …………….. orange juice and …….. a lot of popcorn.<br><br>(be - spend) Mum and Dad …………………… at home and ……. a nice evening.<br><br>(put cing) They the microphones into the TV set and …… karaoke.<br><br>(do not) I think they ………… miss us. |

## 15. Vergangenheit (II) – Simple Past und Past Participle (irregular verbs arranged in 3 groups)

**Irregular verbs** lassen sich nach Gruppen ordnen und somit leichter einprägen.

Merke:

**Gruppe 1**: alle drei Formen sind gleich: hit – hit – hit

**Gruppe 2**: zwei Formen sind gleich: bring – brought – brought

**Gruppe 3**: alle drei Formen sind verschieden: take – took – taken

## 15. Vergangenheit (II) – Simple Past und Past Participle (irregular verbs arranged in 3 groups)

**Irregular Verbs – Easy learning**

1. **Gruppe 1: Alle drei Formen sind gleich.**

Beispiel: cut – cut – cut = schneiden

Unterstreiche die Verben mit den **drei gleichen Zeitformen** farbig. Schreibe diese mit der deutschen Bedeutung im Infinitiv (= Grundform) in dein Vokabelheft / Portfolio.

| German | Irregular verbs – alle 3 Zeitformen sind gleich |
|---|---|
| schlagen, | awake bear beat bet bit bite bleed break broadcast bring burst catch come cost cut feel forget hide hit hold hurt knit leave let pay put quit read rid set shut split spread put |

2. **Gruppe 2: Zwei Formen sind gleich.**

Beispiel: bend – bent – bent = (sich) biegen

**a)** Ordne die folgenden Zeitformen zu und schreibe dann die drei Formen mit der deutschen Bedeutung im Infinitiv (= Grundform) auf.

**German**

kriechen biegen handeln binden bauen brennen kaufen fangen bluten graben bringen träumen füttern fühlen kämpfen

**Irregular verbs - Die 2. und 3. Zeitform sind gleich**

Infinitiv: bend bind bleed bring build burn buy catch creep deal dig dream feed feel fight

felt fought bent bound bled bought caught crept dealt dug dreamt fed brought built burnt

**b)** Fallen dir noch vier weitere Verben ein, bei denen die zweite und dritte Form gleich sind? Schaue in der Tabelle mit den unregelmäßigen Verben nach.

KOHL VERLAG VOKaBEL-TRaINER ENGLISCH Mit Erfolg Vokabeln lernen • Bestell-Nr. 12 388

## 15. Vergangenheit (II) – Simple Past und Past Participle (irregular verbs arranged in 3 groups)

**3. Gruppe 2: Zwei Formen sind gleich.**

Beispiel: say – said – said = sagen

**a)** Ordne die folgenden Zeitformen zu und schreibe dann die drei Formen mit der deutschen Bedeutung nebeneinander.

**German**

| sagen zahlen verkaufen scheinen/leuchten sitzen schlafen schnell fahren finden fliehen bekommen (auf-)hängen haben hören verlieren machen treffen leihen behalten aufgewahren |
|---|

**Irregular verbs - Die 2. und 3. Zeitform sind gleich**

| say pay sell shine sit sleep speed find flee get hang have hear lose make meet keep lend |
|---|

| found fled got met kept sold shone said sped hung had heard lost made lent paid sat slept |
|---|

Überprüfe regelmäßig deinen Bestand an Verben mit Hilfe der alphabetischen Tabelle mit den unregelmäßigen Verben in deinem Englischbuch. Ergänze deine Liste im Vokabelheft/ Portfolio.

## 16. Wortfelder (word fields)

**Wortfelder sind Wörter aller Wortarten zu einem bestimmten Oberbegriff.**

Eine Unmenge Wortfelder eignen sich besonders, um Vokabeln in Zusammenhängen zu lernen. Dabei kann es natürlich auch Überschneidungen geben. Ein Wort kann zu verschiedenen Wortfeldern gehören.

Du kannst den Wortschatz in Wortartenlisten einordnen. Oder wie hier in word webs (siehe Seite 18).

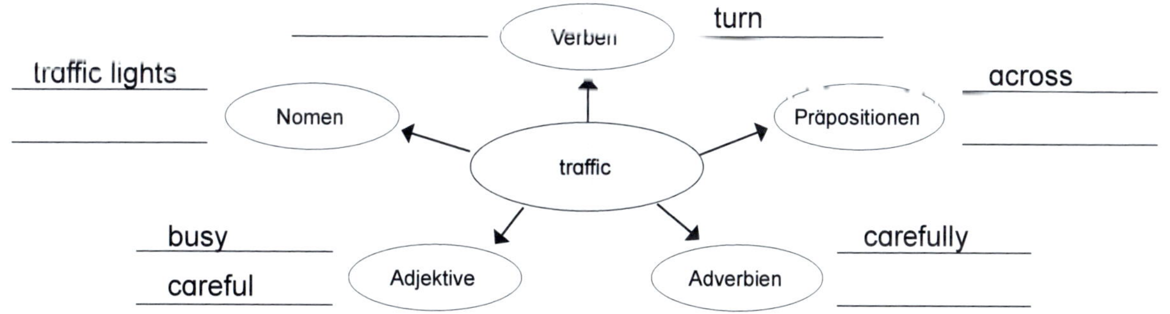


Du kannst auch in deinem Vokabelheft / Portfolio eine Abteilung mit Wortfeldern einrichten und ebenso mit Bildern anreichern.

VOKaBEL-TRaINER ENGLISCH
Mit Erfolg Vokabeln lerner – Bestell-Nr. 12 388

KOHL VERLAG

# Teil B Wortschatzinhalte und Wortschatz lernen

## 16. Wortfelder (word fields)

**1. Zoo animals**

Ordnet die Memo-Karten richtig zu. (Es gibt mehrere Spielvarianten.)

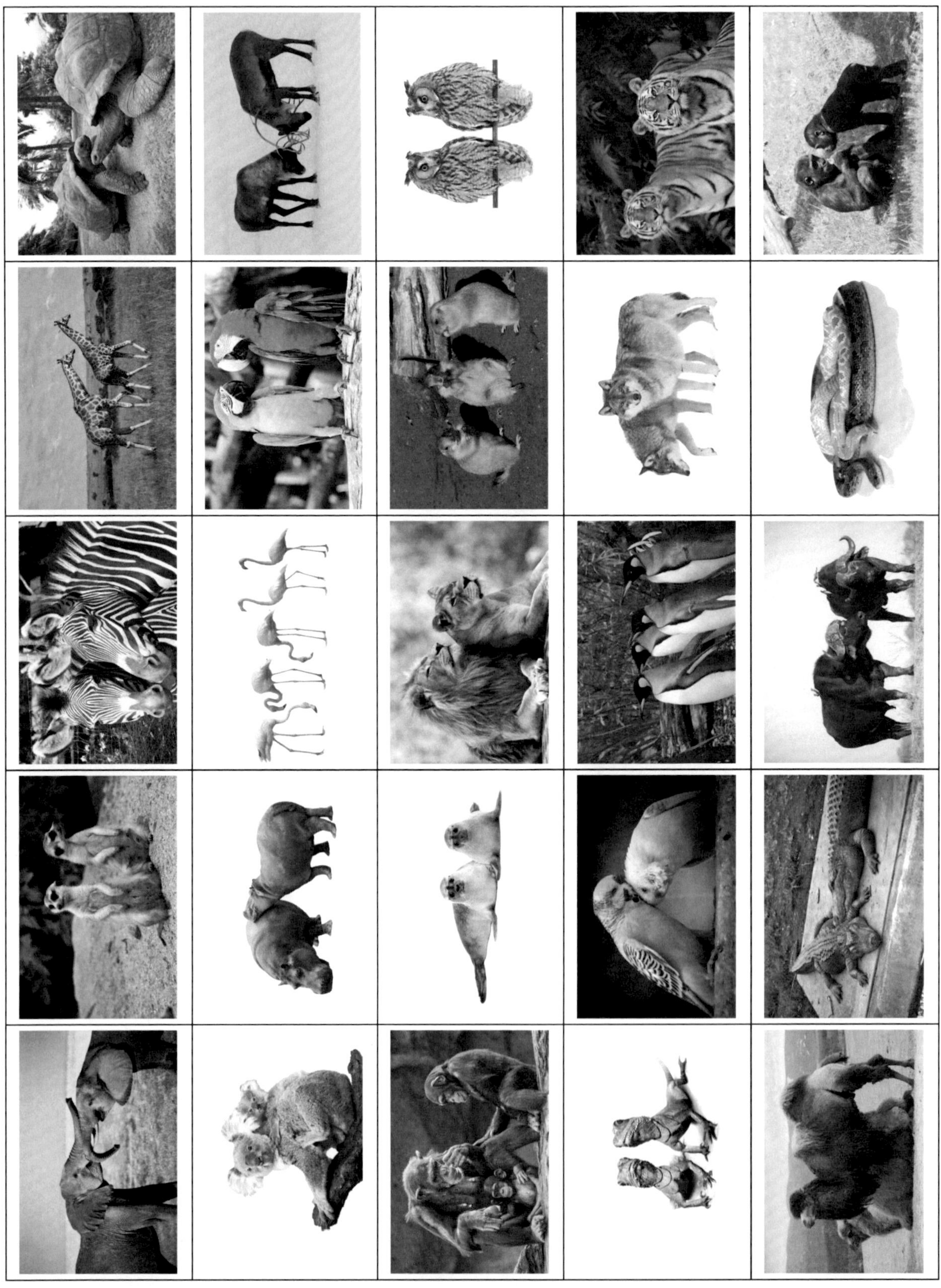

## 16. Wortfelder (word fields)

| two elephants | meerkats | two zebras | two giraffes | two Galapa-gos tortoises |
|---|---|---|---|---|
| Australian koala bear with her baby | two hippos | flamingo birds | a parrot couple | wild deer |
| three chimpanzees | two seals | lion and lioness | prairie dogs | two owls |
| two lizards | two budgies | a group of penguins | two wolves | two tigers |
| two camels | two crocodiles | two buffaloes | two snakes | two young gorillas |



KOHL VERLAG
VOKaBEL-TRaINER ENGLISCH
Mit Erfolg Vokabeln lernen – Bestell-Nr. 12 338

## 16. Wortfelder (word fields)

**2. The Sports Game** (Gruppenarbeit)

Übertragt die Tabelle und ordnet die darüberstehenden Sportarten richtig ein. Dann ergänzt ihr zusätzlich so viele Sportarten wie möglich. Dazu bildet ihr verschiedene Gruppen. Diese werden nach den verschiedenen Informationsquellen, die ihr wählt (Zeitung, Internet, Schulbücher etc.) eingeteilt.

Besonders interessant sind sicher die neuen Sportarten, die ins Olympische Wettkampfprogramm aufgenommen wurden. Hierzu findet ihr ein großes Angebot im Internet.

Sieger ist die Gruppe, welche nach einer vorher vereinbarten Zeit die meisten Sportarten gefunden hat. Danach könnt ihr ein großes **Klassenposter** gestalten, indem ihr alle Sportarten zusammenführt. Das könnt ihr mit ausgedruckten Piktogrammen[1] oder eigenen Skizzen gestalten. Ihr könnt auch Memo-Karten entwerfen.

*[1] Piktogramm = einfache bildliche Darstellung mit Symbolen*

swimming • open water swimming • synchronized swimming • surfing • sailing • waterball • diving • canoeing • rowing • waterpolo • football • rugby • volleyball • beach volleyball • basketball • tennis • badminton • table tennis • golf • hockey • handball • softball • baseball • cycling • jogging • nordic walking • free climbing • riding • skating • weight lifting • gymnastics • fencing • boxing • football • basketball • volleyball • waterball • rugby • tennis • hockey • ice hockey • polo • baseball • handball

**Sports …**

| in the water | with a ball | alone | in a team |
|---|---|---|---|
| | | | |

## 17. Bildwörter (picture words)

Wörter, die du mit Bildern verbinden kannst, merkst du dir schneller als abstrakte Wörter. Also prägen sich auch Wörter, die du visualisieren – bildlich darstellen – kannst, schneller und sicherer ein als nur eine normale Vokabel.

Das heißt, wenn du aus einem Wort ein Bildwort machen kannst, dann kannst du dir das Wort leichter merken. Wie dieses Bild dann aussieht, kannst du ganz allein entscheiden. Entwirf solche Bildwörter (oder Wortbilder). Ihr könnt auch gemeinsam Klassenposter gestalten.

Trage sie in dein Vokabelheft oder Portfolio ein. So hast du nach einiger Zeit ein buntes Bildwörterbuch!



VOKaBEL-TRaINER ENGLISCH
Mit Erfolg Vokabeln lernen – Bestell-Nr. 12 388
KOHL VERLAG

## 17. Bildwörter (picture words)

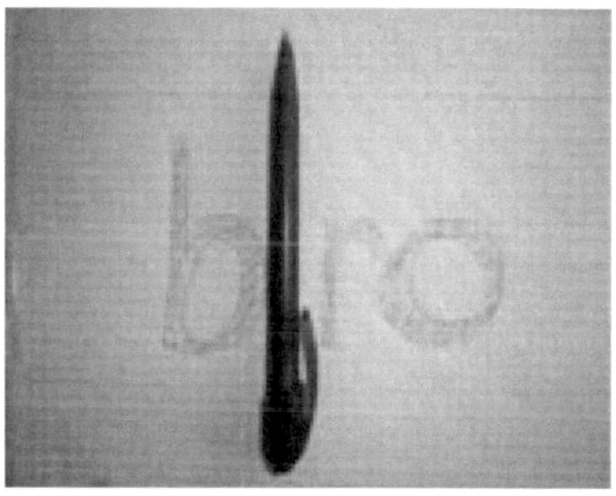

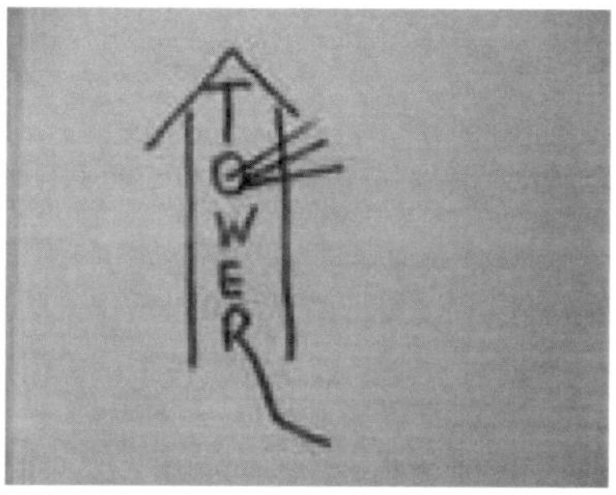

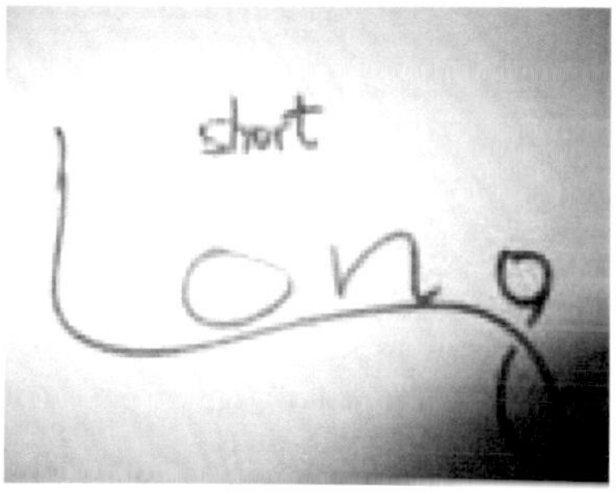

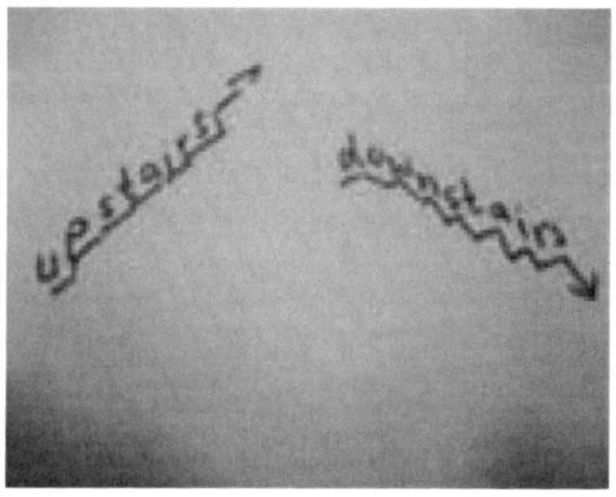

| | | |
|---|---|---|
| ll | fork | knife |
| biro | ball n | dea |
| sports | ball | TOWER |
| pencils | BRIDGE | short<br>Long |
| upstairs<br>downstairs | angry<br>sad | |

VOKaBEL-TRaINER ENGLISCH
Mit Erfolg Vokabeln lernen – Bestell-Nr. 12 3E8
KOHL VERLAG

## 18. Gegenteile (opposites)

Wenn du beim Vokabel lernen gleich die Gegenteilpaare lernst (Beispiel: long – short), hast du umso mehr Wörter parat. Gegensätze kannst du mit allen Wortarten bilden. Mit den Vorsilben **un-**, **il-**, **in-**, **im-**, **ir-**, und **non-** kannst du *opposites* von Adjektiven bilden.

**1.** Welche Aussage ist richtig? Kreuze an. Finde das Lösungswort.

| | | | |
|---|---|---|---|
| **1.** clever is the opposite of smart | M | **2.** false is the opposite of wrong | E |
| clever is the opposite of stupid | C | false is the opposite of difficult | U |
| clever is the opposite of dangerous | F | false is the opposite of true | A |
| **3.** behind is the opposite of in front of | R | **4.** bottom is the opposite of button | I |
| behind is the opposite of ago | V | bottom is the opposite of top | L |
| behind is the opposite of before | W | bottom is the opposite of floor | O |
| **5.** expensive is the opposite of simple | N | **6.** poor is the opposite of stretch | Y |
| expensive is the opposite of cheers | M | poor is the opposite of more | O |
| expensive is the opposite of cheap | I | poor is the opposite of rich | S |
| **7.** dark is the opposite of shine | S | **8.** left is the opposite of behind | A |
| dark is the opposite of light | L | left is the opposite of right | E |
| dark is the opposite of white | I | left is the opposite of before | Y |

Lösungswort: ☐☐☐☐☐☐☐☐

**2.** Hier ist eine weitere Aufgabenform mit möglichen Antworten.

**a)** What's the opposite of more?

☐ many ☐ less ☐ a lot ☐ few

What's the opposite of loud?

☐ quiet ☐ noisy ☐ quite ☐ soft

**b)** Erstelle weitere Auswahlantworten. Tausche mit einem Partner die Aufgaben aus. Beantwortet sie. Dann tauscht zurück und kontrollliert.

VOKaBEL-TRaINER ENGLISCH
Mit Erfolg Vokabeln lernen – Bestell-Nr. 12 388
KOHL VERLAG

## 18. Gegenteile (opposites)

**3. a)** Find the opposites. Bilde Gegensatzpaare. Kombiniere je eine Zahl mit einem Buchstaben.

| | | | | | | | | | |
|---|---|---|---|---|---|---|---|---|---|
| **1** | far | **2** | friend | **3** | foreground | **4** | full | **5** | funny |
| **6** | to finish | **7** | freeze | **8** | to allow | **9** | floor | **10** | false |
| **11** | future | **12** | few | **13** | to forget | **14** | first | **15** | native |

| | | | | | | | | | |
|---|---|---|---|---|---|---|---|---|---|
| **a** | foreigner | **b** | many | **c** | correct | **d** | past | **e** | melt |
| **f** | to remember | **g** | near | **h** | to begin | **i** | enemy | **j** | final |
| **k** | ceiling | **l** | serious | **m** | background | **n** | to forbid | **o** | empty |

Lösung:

| 1 | 2 | 3 | 4 | 5 | 6 | 7 | 8 | 9 | 10 | 11 | 12 | 13 | 14 | 15 |
|---|---|---|---|---|---|---|---|---|---|---|---|---|---|---|
| | | | | | | | | | | | | | | |

**b) Pairwork**

Make a statement. Your partner has to find out if it is true or false.

E. g. YOU: "*Full is the opposite of far.*" YOUR PARTNER: "*That's false. The opposite of full is empty.*"

**4. a)** Find the opposites. Bilde Gegensatzpaare.

| | | | | | | | | | |
|---|---|---|---|---|---|---|---|---|---|
| **1** | funny | **2** | front | **3** | fresh | **4** | frequently | **5** | forward |
| **6** | to free | **7** | for | **8** | to fix | **9** | female | **10** | slow |
| **11** | fat | **12** | expensive | **13** | difficult | **14** | exciting | **15** | failure |

| | | | | | | | | | |
|---|---|---|---|---|---|---|---|---|---|
| **a** | against | **b** | boring | **c** | to break | **d** | old | **e** | cheap |
| **f** | success | **g** | easy | **h** | rear | **i** | male | **j** | slim |
| **k** | serious | **l** | backward | **m** | occasionally | **n** | fast | **o** | to arrest |

Lösung:

| 1 | 2 | 3 | 4 | 5 | 6 | 7 | 8 | 9 | 10 | 11 | 12 | 13 | 14 | 15 |
|---|---|---|---|---|---|---|---|---|---|---|---|---|---|---|
| | | | | | | | | | | | | | | |

**b) Pairwork**

Make a statement. Your partner has to find out if it's true or false.

E. g. YOU: "*Expensive is the opposite of funny.*" YOUR PARTNER: "*That's false. The opposite of funny is serious.*"

VOKaBEL-TRaINER ENGLISCH
Mit Erfolg Vokabeln lernen – Bestell-Nr. 12 388
KOHL VERLAG

# Wortschatzinhalte und Wortschatz lernen

## 18. Gegenteile (opposites) (page 1/2)

**5.** Spielt das Memo-Spiel zum Thema ***opposites*** in Gruppen oder zu zweit.

Das Spiel kann jederzeit durch selbst entworfene Karten erweitert werden, wenn neuer geeigneter Wortschatz in Dialogen oder Texten auftaucht.

a) Memo cards ***opposites***

| big | small | arrive | leave | live |
|---|---|---|---|---|
| famous | unknown | buy | sell | die |
| more | less | cheap | expensive | start |
| black | white | weak | strong | finish |
| switch on | switch off | right | left | pupil |
| silly | clever | sick | healthy | teacher |
| give | take | forget | dark | safe |



KOHL VERLAG
VOKaBEL-TRaINER ENGLISCH
Mit Erfolg Vokabeln lernen – Bestell-Nr. 12 388

## 18. Gegenteile (opposites) (page 2/2)

**5.** Spielt das Memo-Spiel zum Thema ***opposites*** in Gruppen oder zu zweit.

Das Spiel kann jederzeit durch selbst entworfene Karten erweitert werden, wenn neuer geeigneter Wortschatz in Dialogen oder Texten auftaucht.

a) Memo cards ***opposites***

| | | | | |
|---|---|---|---|---|
| **old** | **clean** | **beautiful** | **under** | **difficult** |
| **pretty** | **young** | **dirty** | **hard** | **on** |
| **run** | **stand** | **slow** | **friend** | **weak** |
| **obey** | **disobey** | **high** | **fast** | **enemy** |
| **heavy** | **ugly** | **thick** | **deep** | **remember** |
| **up** | **light** | **love** | **thin** | **light** |
| **ugly** | **down** | **easy** | **hate** | **dangerous** |

## 18. Gegenteile (opposites)

**b)** Find the opposites Colour the pairs accordingly.

| | | | |
|---|---|---|---|
| happiness | ill | high | cold |
| to harvest | disease | heavy | flat |
| healthy | ugly | to hit | hell |
| handsome | to enjoy | heat | deep |
| hard | sad | here | there |
| health | to plant | hilly | low |
| happy | easy | high | light |
| to hate | sadness | heaven | to miss |

**6.** Fertige deine eigene ***opposites***-Wortschatzkartei an. Das Wort (oder Gegenteil-Wortpaar) sollte dabei auch in Satzzusammenhängen vorkommen. Schreibe also einen passenden Satz mit jedem Wort auf.

Beispiel für eine Karteikarte (oben Vorderseite, unten Rückseite):

*happiness*

*Happiness is as brittle as glass.*

*sadness*

*Happiness and sadness are closely linked.*

*Glück*

*Glück und Glas, wie leicht bricht das.*

*Trauer*

*Glück und Trauer liegen nahe beieinander.*



VOKaBEL-TRaINER ENGLISCH
Mit Erfolg Vokabeln lernen – Bestell-Nr. 12 388
KOHL VERLAG

# Wortschatzinhalte und Wortschatz lernen

## 19. Großschreibung im Englischen (capitalization of English words)

Als Grundregel gilt: Im **Englischen** wird **am Satzanfang** natürlich **groß** geschrieben, **ansonsten** schreibt man **alle Wörter klein, auch Nomen**. Aber auch hier gibt es Ausnahmen. Die musst du dir merken.

Lege dir in deinem Vokabelheft / Portfolio einen Abschnitt für **Großschreibungen (capitalizations)** an und ergänze im Laufe des Schuljahres. Du kannst auch Bilder, Fotos und Zeichnungen dazu verwenden.

**1.** Ordne die Begriffe den Feldern zu und ergänze mit eigenen Beispielen

| | |
|---|---|
| My brother Tom works for Amazon. | From Sunday to Wednesday in March and April. |
| Her Majesty the Queen was not amused. | The Catcher in the Rye |
| I liked the trip to Europe. | God and the Bible |
| The Magna Charta | World War II |
| The French ambassador must speak English, Spanish and German. | |

Groß geschrieben werden:

| | | |
|---|---|---|
| Eigen-, Firmen- und Markennamen<br>*Nike,* | Anreden und Titel, die Royals<br>*the President,* | Geographische Bezeichnungen<br>*North,* |
| Sprachen und Nationalitäten<br>*German,* | Monatsnamen, Wochentage, Festtage<br>*Christmas,* | Überschriften und Titel |
| Gottheiten und heilige Schriften | Straßennamen, Regierungsbehören, Armeeeinheiten, Namen von Kriegen und Schlachten | Zeitperioden, historische Dokumente<br>*the Middle Ages,* |



VOKaBEL-TRaINER ENGLISCH
Mit Erfolg Vokabeln lernen – Bestell-Nr. 12 358
KOHL VERLAG

## 19. Großschreibung im Englischen (capitalization of English words)

### 2. Sights

Auch Sehenswürdigkeiten, Flussnamen, Ortsteile, Städtenamen, Landesteile und Staaten werden groß geschrieben. Ordne zu.

| | |
|---|---|
| **1** | Eiffel Tower and cityscape, Paris, France |
| **2** | Tower Bridge over River Thames, London, England, UK |
| **3** | City Hall, The Shard and Bankside illuminated at night, London, England, United Kingdom, Europe |
| **4** | Colosseum, Rome, Italy |
| **5** | Golden Gate Bridge, San Francisco, California, United States of America, North America |
| **6** | Brandenburg Gate, Berlin, Germany |
| **7** | Palace of Westminster and Big Ben at Westminster Bridge, London, England, UK |
| **8** | View of St Paul's Cathedral and Millennium Bridge at night |

_______ _______ _______ _______

_______ _______ _______ _______



VOKaBEL-TRaINER ENGLISCH
Mit Erfolg Vokabeln lernen – Bestell-Nr. 12 388
KOHL VERLAG

# Wortschatzinhalte und Wortschatz lernen

## 19. Großschreibung im Englischen (capitalization of English words)

**3.** Schreibe die Ländernamen Europas unter Kapitel „capitalization“ heraus.

| | | | |
|---|---|---|---|
| Cyprus | United Kingdom | Latvia | Hungary |
| Slovenia | Slovakia | Switzer-land | Belarus |
| Greece | Lithuania | Turkey | Romania |

KOHL VERLAG

## 19. Großschreibung im Englischen (capitalization of English words)

3. Schreibe die Ländernamen Europas unter Kapitel „capitalization“ heraus.

**Diese Seite auf den Tisch legen.**
**Dies ist die Unterseite.**

| Ungarn | Lettland | Vereinigtes Königreich | Zypern |
|---|---|---|---|
| Weißruss-land | Schweiz | Slowakei | Slowenien |
| Rumänien | Türkei | Litauen | Griechen-land |



KOHL VERLAG VOKaBEL-TRaINER ENGLISCH Mit Erfolg Vokabeln lernen – Bestell-Nr. 12 388

## 19. Großschreibung im Englischen (capitalization of English words)

**4.** Nationalities

Fülle die Tabelle aus. Du kannst den grauen Rahmen unterhalb der Tabelle zur Hilfe nehmen, wenn du noch Hilfe benötigst. Du kannst es auch ohne die Hilfe versuchen. Dann knicke den Rahmen einfach nach hinten oder verdecke ihn.

| Country | Inhabitant | Language | Capital |
|---|---|---|---|
| Hungary | | | |
| | the Portuguese | | |
| | | Greek | |
| | | | Zagreb |
| Austria | | | |
| | the Bulgarian | | |
| | | Danish | |
| | | | Berlin |
| Poland | | | |
| | the Irish | | |
| | | Albanian | |
| | | | Reykjavik |
| Ukraine | | | |
| | | Finnish | |
| | | | Prague |
| (the) Netherlands | | | |
| | the Swiss | | |
| | | Spanish | |
| | the Frenchman / the Frenchwoman | | |

\- - - - - - - - - - - - - - - - - - - - - - - - - - Hier knicken - - - - - - - - - - - - - - - - - - - - - - - - - -

the Finn • Ukrainian • English/Gaelic • the Netherlander • Iceland • German/French/Italian • Bulgaria • Denmark • Kiev • Czech • Athens • Ireland • the Ukrainian • Spain • Croatia • the Czech • Bern • Bulgarian • the Hungarian • Warsaw • Dutch • Helsinki • Croatian • Budapest • French • Hungarian • the German • Portugal • the Pole • the Albanian • Lisbon • Finland • Dublin • Germany • Portuguese • the Icelander • Albania • the Austrian • Greece • Polish • Paris • German (2x) • the Greek • Copenhagen • the Croat • the Spaniard/the Spanish • Vienna • Sofia • the Dane • Tirana • Czech Republic • Icelandic • France • Amsterdam • Switzerland • Madrid

## 20. British English (BE) ↔ American English (AE)

Das **British English (BE)** unterscheidet sich vom **American English (AE)** durch **verschiedene Wörter für einen Begriff** (z.B. flat (BE) = apartment (AE)) oder durch die **unterschiedlcihe Schreibweise** in den Endungen.

**1.** Übertrage die Auflistung in dein Vokabelheft / Portfolio und präge sie dir ein. Ergänze sie, wenn du neue solche Wörter kennenlernst.

| BE: British English | AE: American English |
|---|---|
| **-re**: litre, centre, metre, theatre<br>**-ce**: licence, defence<br>**-our**: colour, humour, flavour<br>**-ise**: realise, recognice<br>**-isation**: globalisation<br>**-ogue**: dialogue, catalogue | **-er**: liter, center, meter, theater<br>**-se**: license, defense<br>**-or**: color, humor, flavor<br>**-ize**: realize, recognize<br>**-ization**: globalization<br>**-og**: dialog, catalog |

**2.** Ordne die Wortpaare zu. Erstelle Memo-Karten für das gleichnamige Spiel. Ergänze die Sammlung regelmäßig.

**British English ↔ American English 1**

| BE | AE | BE | AE | BE | AE |
|---|---|---|---|---|---|
| autumn | restroom | tin | apartment | queue | eraser |
| year 6 | pants | sweets | elevator | garden | gas |
| shop | backpack | timetable | can | rubber | freeway |
| biscuit | fall | underground | mean | pavement | line |
| railway | (French) fries | nasty | subway | mark | sidewalk |
| rucksack | store | cinema | movie theatre | motorway | chips |
| trousers | 6th grade | flat | garbage | film | grade |
| toilet | cookie | rubbish | candy | petrol | yard |
| holiday | railroad | pupil | student | lorry | movie |
| chips | vacation | lift | schedule | crisps | truck |

**3.** Ordne Nummern und Buchstaben zu.

**British English ↔ American English 2**

| | | | | | | | | | |
|---|---|---|---|---|---|---|---|---|---|
| **1** | plane | **A** | bill | **9** | cloakroom | **J** | game |
| **2** | a pack of cards | **B** | diaper | **10** | nappy | **K** | facility manager |
| **3** | rucksack | **C** | busy | **11** | chemist´s shop | **L** | cab |
| **4** | note | **D** | cellphone | **12** | caretaker | **M** | ball-point pen |
| **5** | biro | **E** | airplane | **13** | torch | **N** | front desk |
| **6** | engaged | **F** | parka | **14** | reception | **O** | a deck of cards |
| **7** | taxi | **G** | coatroom | **15** | match | **P** | drugstore |
| **8** | mobile | **H** | backpack | **16** | anorak | **Q** | flashlight |

**Solution:**

| 1 | 2 | 3 | 4 | 5 | 6 | 7 | 8 | 9 | 10 | 11 | 12 | 13 | 14 | 15 | 16 |
|---|---|---|---|---|---|---|---|---|---|---|---|---|---|---|---|
| | | | | | | | | | | | | | | | |

VOKaBEL-TRAINER ENGLISCH
Mit Erfolg Vokabeln lernen – Bestell-Nr. 12 388
KOHL VERLAG

## 20. British English (BE) ↔ American English (AE)

**4.** Ordne Nummern und Buchstaben zu.

**British English ↔ American English 3**

| 1 | American Indian | A | vacuum cleaner | 9 | fortnight | J | tire |
|---|---|---|---|---|---|---|---|
| 2 | trainers | B | sweater | 10 | boot | K | to call |
| 3 | football | C | swimsuit | 11 | hoover | L | to line up |
| 4 | shop | D | two weeks | 12 | garden | M | to rent |
| 5 | cooker | E | Native American | 13 | indicator | N | soccer |
| 6 | jumper | F | store | 14 | to hire | O | stove |
| 7 | bathing costume | G | yard | 15 | to queue | P | blinker |
| 8 | to ring | H | sneakers | 16 | tyre | Q | trunk |

**Solution**:

| 1 | 2 | 3 | 4 | 5 | 6 | 7 | 8 | 9 | 10 | 11 | 12 | 13 | 14 | 15 | 16 |
|---|---|---|---|---|---|---|---|---|---|---|---|---|---|---|---|
| | | | | | | | | | | | | | | | |

**5.** Ordne Nummern und Buchstaben zu. Übersetze.

**British English ↔ American English 4**

| | BE | | AE | German |
|---|---|---|---|---|
| 1 | garbage | A | railroad | |
| 2 | lift | B | movie theatre | *Kino* |
| 3 | lorry | C | rubbish | |
| 4 | railway | D | subway | |
| 5 | year | E | line | |
| 6 | cinema | F | student | |
| 7 | underground | G | apartment | |
| 8 | holiday | H | elevator | |
| 9 | pupil | I | grade | |
| 10 | motorway | J | vacation | |
| 11 | flat | K | truck | |
| 12 | queue | L | freeway | |

**Solution**:

| 1 | 2 | 3 | 4 | 5 | 6 | 7 | 8 | 9 | 10 | 11 | 12 |
|---|---|---|---|---|---|---|---|---|---|---|---|
| C | | | | | | | | | | | |

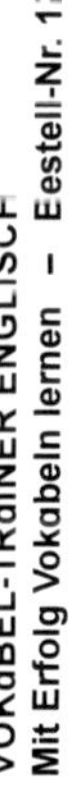

## 21. Gleich ausgesprochene Wörter (homophones)

**Homophones** sind Wörter mit gleicher Aussprache, aber verschiedener Schreibweise und Bedeutung. Beispiel: *flower, flour*. Im Laufe deiner Schulzeit werden dir immer wieder solche begegnen. Je mehr englische Vokabeln du im Laufe der Zeit kannst, desto mehr gleich klingende und gleich ausgesprochene Wörter (**homophones**) werden dir begegnen. Einige der gängigsten findest du hier.

Ihr könnt diese Wörter gemeinsam üben, indem ihr Memo-Karten verwendet, diese verdeckt und dann versucht, Kartenpaare zu finden.

Trage die Wörter, die du nicht kennst, in dein Vokabelheft / Portfolio mit der Überschrift **homophones** ein.

**1.** Schneide die Wortkärtchen aus, mische sie und spielt in der Gruppe das Memo-Spiel. Ziel ist es, unter den verdeckten Karten die Wortpaare zu finden. Sprecht die Wörter aus und nennt die deutsche Bedeutung. Bei einem Wettbewerb gilt die falsche Aussprache als Punktabzug.

| | | |
|---|---|---|
| **flour** | **flower** | **for** |
| **cent** | **scent** | **here** |
| **night** | **knight** | **sea** |
| **new** | **knew** | **then** |
| **tail** | **tale** | **right** |
| **sole** | **soul** | **sun** |
| **sell** | **cell** | **buy** |

# Teil B Wortschatzinhalte und Wortschatz lernen

## 21. Gleich ausgesprochene Wörter (homophones)

**1.** Schneide die Wortkärtchen aus, mische sie und spielt in der Gruppe das Memo-Spiel. Ziel ist es, unter den verdeckten Karten die Wortpaare zu finden. Sprecht die Wörter aus und nennt die deutsche Bedeutung. Bei einem Wettbewerb gilt die falsche Aussprache als Punktabzug.

| four | heal | heel |
|---|---|---|
| hear | our | hour |
| see | weather | whether |
| than | to | too |
| write | you're | your |
| son | steel | steal |
| by | I | eye |
| four | fairy | ferry |
| eight | no | know |
| wood | would | for |
| bear | bare | ate |

KOHL VERLAG
VOKaBEL-TRaINER ENGLISCH
Mit Erfolg Vokabeln lernen – Bestell-Nr. 12 338

## 21. Gleich ausgesprochene Wörter (homophones)

Um dir Wörter oder Wortpaare zu merken, kannst du dir auch ein **Trimino** bauen. Das ist ein Dreiecks-Puzzle. Mit diesem leeren Trimino kannst du dir beliebig viele *Triminos* zu allen Themen basteln. Trage hierzu einfach die Wortpaare gegenüberliegend (so wie im Beispiel) ein. Ein Trimino kann man beliebig erweitern, wenn man weitere Teildreiecke unten anhängt.

**2.** Trage die *homophones* aus Aufgabe 1 gegenüberliegend in ein Triomino ein, zerschneide es und lasse es von deinem/r Partner/in zusammensetzen. Spielt auf Zeit gegeneinander.

**3.** Bilde nun sinnvolle Sätze mit den *homophones* aus Aufgabe 1.

Beispiel: *Flower/ flour: Mum needs a packet of ...... for the birthday cake. She got a bunch of beautiful ........... for her birthday.*

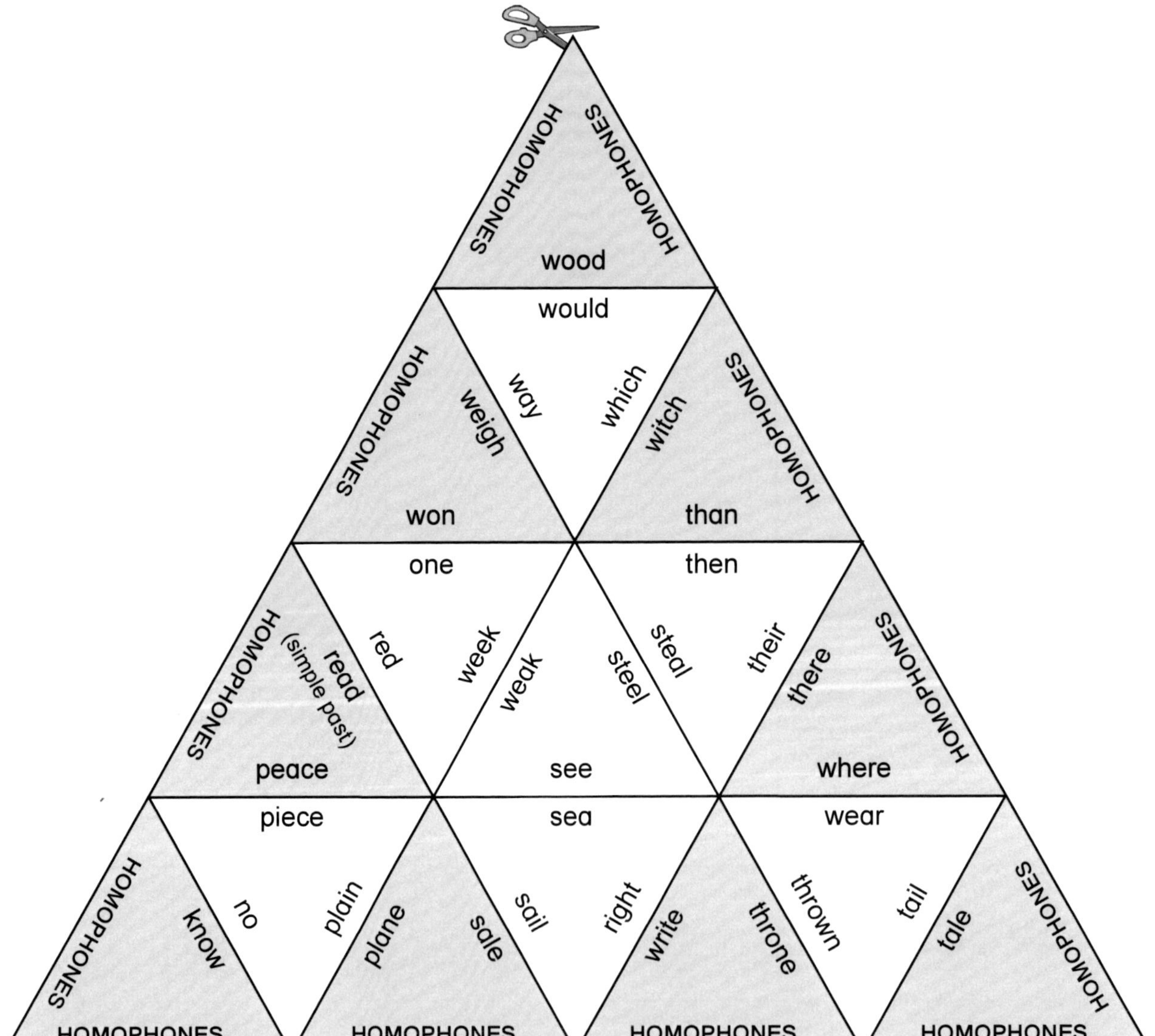

HOMOPHONES HOMOPHONES
wood
would
HOMOPHONES weigh way which witch HOMOPHONES
won than
one then
HOMOPHONES read (simple past) red week weak steel steal their there HOMOPHONES
peace see where
piece sea wear
HOMOPHONES know no plain plane sale sail right write throne thrown tail tale HOMOPHONES
HOMOPHONES HOMOPHONES HOMOPHONES HOMOPHONES



VOKaBEL-TRaINER ENGLISCH
Mit Erfolg Vokabeln lernen ■ Bestell-Nr. 12 388
KOHL VERLAG

## 22. Ein Wort – mehrere Bedeutungen (homonyms)

Ein **Homonym** ist ein Wort, das mehrere Bedeutungen haben kann. Die verschiedenen Bedeutungen können zu einer völlig anderen Wortart gehören. Den Sinn des Wortes erkennt man aus dem Satzzusammenhang. Hier lernt ihr viele **Homonyme** (engl.: ***homonyms***) kennen.

1. **Bilderpuzzle** Partnerarbeit Spielt das Puzzle und schreibt die Wörter in euer Vokabelheft / Portfolio mit der Überschrift: **homonyms**. Die Puzzleseite ist gleichzeitig das Muster für eine BINGO-Vorlage.

| book | ring | well | park | bat | rock |
|---|---|---|---|---|---|
| wave | rose | letter | date | can | match |
| chair | sink | left | ruler | drop | mean |
| tire | fall | close | bank | right | kiwi |

kiwi with kiwi

VOKaBEL-TRaINER ENGLISCH
Mit Erfolg Vokabeln lernen – Bestell-Nr. 12 388

## 22. Ein Wort – mehrere Bedeutungen (homonyms)

Ein **Homonym** ist ein Wort, das mehrere Bedeutungen haben kann. Die verschiedenen Bedeutungen können zu einer völlig anderen Wortart gehören. Den Sinn des Wortes erkennt man aus dem Satzzusammenhang. Hier lernt ihr viele **Homonyme** (engl.: ***homonyms***) kennen.

1. **Bilderpuzzle** Partnerarbeit Spielt das Puzzle und schreibt die Wörter in euer Vokabelheft / Portfolio mit der Überschrift: **homonyms**. Die Puzzleseite ist gleichzeitig das Muster für eine BINGO-Vorlage.

**Diese Seite auf den Tisch legen.**
**Dies ist die Unterseite.**

| | | | | | |
|---|---|---|---|---|---|
| Fels, Rock (Musik) | Fledermaus, Schläger | parken, Park | gut (Adv.), Brunnen | Ring, anrufen | Buch, buchen |
| Streichholz, Spiel | Dose, können | Datum, Date | Brief, Buchstabe | Rose, ansteigen (Vergangenheit) | Welle, winken |
| gemein, bedeuten | Tropfen, tropfen | Lineal, Herrscher | links, verlassen (Vergangenheit) | Spülbecken, sinken | Stuhl, Vorsitz |
| Kiwi (Frucht & Vogel) | rechts, Recht | Ufer, Bank | schließen, nah | fallen, Herbst | Reifen, ermüden |

KOHL VERLAG VOKaBEL-TRaINER ENGLISCH Mit Erfolg Vokabeln lernen – Bestell-Nr. 12 388

# Lösungen

## *Teil A*

Aufgabe 3: evening, morning, night

Aufgabe 4: wonderful, difference, hurricane

Aufgabe 6: looking for

Aufgabe 7: In picture 2, the teaspoon is missing. In picture 3, the tin opener is missing.
The dog is missing.

| | | |
|---|---|---|
| ⊙ | in Reihe 2 fehlt: knife | neues Wort : tea spoon |
| ! | in Reihe 2 fehlt: cup | neues Wort: can |
| ✶ | in den oberen 2 Reihen fehlen: cup, toast | die neuen Wörter unten sind: can, bread |

Aufgabe 9: IR IS FOR IRELAND

1. GERMANY
2. FRANCE
3. AUSTRIA
4. GREAT BRITAIN
5. SPAIN
6. ITALY
7. BELGIUM
8. DENMARK
9. SWEDEN
10. SWITZERLAND
11. TURKEY
12. NETHERLANDS
13. NORWAY
14. GREECE
15. ROMANIA
16. RUSSIA
17. CROATIA

## *Teil B*

### 1. Englische Wörter im Deutschen

Aufgabe 1:

| Fashion | Furniture |
|---|---|
| der 24-Stunden-Blazer, businesskorrekt, Jeans, viele Outfits, modische Highlights, Dandy-Style, Romantik-Looks, coole Casual-Looks, Bottom-up-Jeans, High-Heels, Zauber-Shirt, Jersey-Qualität, Stretch-Komfort, Twinset, ein hauchzartes Shirt mit passendem Top, harmoniert mit Jeans oder Cargo-Pants, Jubiläumstasche *City* aus der Linie *New Elegance*, ein seriöser Business-Anzug, viele Business-Outfits, etwas old fashioned, der Blazer in navy, ergänzt durch den schwarzen Flecht-Shopper und die High-Heels, für Stars und Celebrities. | Boards, Snowboards, Waveboards, Wandboards, Sideboards, ein TV-Lowboard oder Highboard, Memoboard - immer up to date. Coole Polsterecke mit Sitz-Sandwich-Aufbau, Relax-Zusatzfunktion, Wanduhr im Used Look Power Wohnlandschaft, Dinnersofa, Big Sofa, cooler Naturlook. Boxspring mit Topper. All in one. Light Line. Und: Sets, Vasen-Set, Kaffeeset, ein Tafelset, ein Tischset. |

Aufgabe 2:

**a)** BABY BASKETBALL BODYGUARD BOX BRUNCH CAMPING CLOWN COMIC
**b)** COMPUTER COOL CORNFLAKES COUNTDOWN FASTFOOD FRISBEE
**c)** FAN GANGWAY HOBBY HOTDOG INLINE-SKATING INTERCITY JAZZ JEANS
**d)** JET JEEP JOGGING JUMBO LASER MANAGER MOTOCROSS BIKE
**e)** MUFFIN MUSICAL NETWORK NEWS NONSTOP OPEN AIR PARTY PIPELINE
**f)** POKER POPCORN PONY PUZZLE QUIZ RALLYE RECYCLING RELAXING
**g)** SANDWICH SCIENCE-FICTION SELF-SERVICE SHOP SHOW SHAMPOO SLIP SLOGAN
**h)** SNACK SONG SPRAY STEAK SWEATSHIRT SPRINT TALKSHOW TICKET
**i)** TAXI TEAM TEENAGER TENNIS TICKET TOAST TRAINER TREND TRICK UFO
**j)** VOLLEYBALL WEBSITE WINDSURFING ZOOM SHIRT BLAZER SNEAKERS

VOKaBEL-TRaINER ENGL SCH
Mit Erfolg Vokabeln lernen – Bestell-Nr. 12 383

# Lösungen

## *Teil B*

### 2. Fernseh- und Filmwörter

Aufgabe 3: Individuelle Lösungen

### 3. Der unbestimmte Artikel a/an

Aufgabe 2: a man, an old man, an orange shirt, a house, a new house, a hero, an Italian hero, an apple, a red apple

### 4. Adjektive

Aufgabe 2:

**Adjectives 1** accessible, alone, angry, bad, beautiful, big, bitter, boring, bossy, brave, bright, brilliant, broad, busy, careful, careless, cheap, clean, clever, cold, comfortable, complete, cool, correct, crazy, cuddly, curly, cute, daily, dangerous, dark, dead, deep, delicious, different, difficult, digital, dirty, disabled, doubtful, dry, dull, dusty, juicy, rainy, rotten, salty, strong, sweet, tasteless, weak, wet, yummy

**Adjectives 2** boiling, broken, bumpy, chilly, creepy, cuddly, curly, damp, dirty, dusty, early, easy, economical, embarrassed, empty, exact, excellent, exciting, expensive, fair, false, famous, fantastic, far, fast, fearless, filthy, flaky, fluffy, fine, flat, foggy, free, freezing, fresh, friendly, full, funny, good, great, happy, hard, heavy, helpful, hot, hungry, important, interesting, late, lonely, loud, proud, messy

**Adjectives 3** (Lösungsvorschläge) helpless – powerful/important; high - low, huge – tiny; hungry – full; ill - well; important – unimportant; incredible – credible; jealous – trusting; juicy – dry; interesting – boring; kind - unkind, large – small; last – first; late – early; lazy – active; little – big; local – foreign; lonely – accompanied; long – short; lovely – ugly; loud – quiet; lucky – unlucky; many – few; narrow – wide; nasty – kind; naughty – good; new, - old; next – previous; nice – bad; noisy – quiet; old – young; open – close; own – foreign; pretty – ugly; quick – slow; ready – unready; real – fake; silent – noisy; silly – clever; small – big; special – ordinary; stupid – intelligent; sweet – bitter; terrible – great; tired – energetic; true - false; wrong - wright

**Adjectives 4** long – length; sparkling – sparkle; ugly – ugliness; magnificent – magnificence; normal – normality; odd – oddity; official – (the) official; old – Oldtimer; old-fashioned – (the) old-fashioned; open – opening; own – owner; painful – pain; pale – paleness; perfect – perfection; plain – (the) plain; poor – poorness; popular – popularity; same – (the) same; safe – safety; serious – seriousness; short – shortage; sick – sickness; silly – silliness; slow – slowness

**Adjectives 5** alive – life; adorable – adorableness; clean – cleaning; clever – cleverness; dreadful – dreadfulness; easy – easiness; elegant – elegance; famous – fame; fancy – (the) fancy; glamorous – glamour; tall – tallness; terrible – terribleness; thick – thickness; thin – thinness; thirsty – thirst; tidy – tidying; tight – tightness; tired – tiredness; trendy – trend; ugly – ugliness; unhappy – unhappiness; unique – uniqueness; vast – vastness, virtual – virtuality; weak – weakness; wet – wetness; wide-eyed – (the) wide-eyed; wild – wildness; windy – wind; wonderful – wonderfulness

Aufgabe 4:

**a)** good = gut; heiß = hot; krank = sick; wrong = falsch; schrecklich = terrible; happy = glücklich; Glück bringend = lucky; terrific = grandios; sad = traurig; richtig = right; schlecht = bad; kalt = cold

**b)** tired = müde; dangerous = gefährlich; young = jung; long = lang; short = kurz; small = klein; fine = gut; big = groß; ill = krank; difficult = schwierig; unhappy = unglücklich; old = alt

**c)** easy = leicht; difficult = schwierig; full = voll; billig = cheap; beautiful = schön; heavy = schwer; light = leicht; nice = net; expensive = teuer; different = verschieden; empty = leer; ugly = hässlich

Aufgabe 5:

**a)** ill, dangerous, empty, light , ugly

# Lösungen

## *Teil B*

### 5. Reimwörter

Aufgabe 1:

**a)** meet – street, tree – see, name – game, two – you, brother – mother, shop – top, he – she, make – take, book – look, lake – cake, white – write, I - my

**b)** white – right, snow – show, mum - come, eat – meet, tree – me, ten - hen, four – door, floor – door, sheep – deep, top – stop, lake – make, boy – toy

**c)** high – sky, wall – tall, light – tonight, through – you, any – penny, are – star, fair – hair, day – away, hot – pot, cold – old, soul – bowl, quite - white

**d)** water – daughter, wait – great, bird – herd, hall – call, dog – frog, down – crown, show – go, sea – see, deep – sheep, nice – mice, hair – there, she - knee

**e)** please – geese, hat – fat, shoe – two, late – eight, break – take, sing – king, bell – well, that – cat, go – toe, nine – fine, dead – bread, day - away

### 6. Präpositionen

Aufgabe 2: individuelle Lösungen

Aufgabe 3: FOOTBALL

### 7. Verben und Partikel

Aufgabe 1: **b)** individuelle Lösungen

Aufgabe 2:

Tom sucht sein Skateboard. Vielleicht ist es gestohlen worden.
Ich freue mich, wenn ich dich bald sehe.
Könntest du dir bitte meinen Bericht anschauen?
Ich muss ein paar Wörter in deinem Wörterbuch nachschlagen.
Schau nicht in Ärger auf die letzten Wochen zurück.
Musst du oft auf deine kleinen Schwestern aufpassen?
Halte mal nach Tina Ausschau, während du auf mich wartest.
Gib Acht vor den Schlangen, wenn du durch Asien reist.
Schau nicht auf Flüchtlinge herab.
Wirf mal während der Ferien einen Blick herein.

### 8. Nomen

Aufgabe 1: calves, elves, halves, hooves, knives, lives, shelves, thieves, wives, wolves

Aufgabe 2: carp/carps, species, children, feet, fruit, aircraft, moose, salmon, deer, fish, sheep, mice, oxen, teeth, geese, men, women

Aufgabe 3: accident, account, activity, adult, adventure, afternoon, airport, alphabet, ambulance, anorak, answer, anticipation, apartment, appointment, assembly, assistant, atmosphere, attachment, attraction, aunt, autumn, average, bandage, bathroom, battle, beach, bear, binoculars

Aufgabe 4: centre, board, birth, place, brochure, brother, cloud, coach, collection, bucket, budgie, business, button, cafeteria, cage, calendar, calculator, bottle, boy, friend, breakfast, colour, connection, cartridge, cathedral, celebration, bookshelf, boots, cheese, chocolate, church, cinema, continent

Aufgabe 5: chain, clothes, chair, cheese, chicken, cinema, circle, corner, countdown, cream, cupboard, cushion, customer, desk, dialogue, dictionary, difference, donkey, doorbell, download, electricity, engineer, evening, explorer, exercise, exhibition, fame, festival, firefighter, fireworks, flashcard, food, fruit, fun, fur, headmaster, headphones

Aufgabe 6:

**a)** meat, message, ugly, harbour, newspaper, order, highlight, hoodle, horse, group, guitar, invention, invitation, letter, lesson, life, picture, playground, playoffs, plug, inventor, language, performance, magazine, map, price, present, question, match, information, instruction, monkey, month, musician, mystery, practice, ride, role, pronunciation, neighbour, night, noise, notes, page, palm, parrot, jacket, juice, people, plane, road, racket, receptionist, rule, rabbit, ruler

**b)** individuelle Lösungen

# Lösungen

## Teil B

### 8. Nomen

Aufgabe 7: a sale, a sentence, a sheet, a shoulder, an aircraft, a spaceship, a spirit, an opportunity, a skyscraper, a sausage, a square, a stage, a tent, a tomato, an oven, a surprise, a sweatshirt, a university, a task, a teaspoon, a towel, a sign, a skill, a smuggler, a trouble, a vacation, an apple, a vegetable, a village, a visitor, a sanctuary, an island, a waitress, an umbrella, a wardrobe, a wheelchair, a woman, a zookeeper, an election

Aufgabe 8: individuelle Lösungen

Aufgabe 9: **a) + b)**

| | English | | German | English |
|---|---|---|---|---|
| 1 | address | 8 | Antwort | *answer* |
| 2 | activity | 27 | Schlafzimmer | *bedroom* |
| 3 | adult | 25 | Bär | *bear* |
| 4 | adventure | 1 | Adresse | *address* |
| 5 | afternoon | 13 | Schulversammlung | *assembly* |
| 6 | alphabet | 2 | Beschäftigung | *activity* |
| 7 | animal | 16 | Tasche | *bag* |
| 8 | answer | 20 | Basketball | *basketball* |
| 9 | anticipation | 4 | Abenteuer | *adventure* |
| 10 | apple | 14 | Baby | *baby* |
| 11 | appointment | 18 | Banane | *banana* |
| 12 | art | 3 | Erwachsener | *adult* |
| 13 | assembly | 7 | Tier | *animal* |
| 14 | baby | 5 | Nachmittag | *afternoon* |
| 15 | babysitter | 26 | Bett | *bed* |
| 16 | bag | 19 | Bananenschale | *banana skin* |
| 17 | ball | 6 | Alphabet | *alphabet* |
| 18 | banana | 9 | Vorfreude | *anticipation* |
| 19 | banana skin | 15 | Babysitter | *babysitter* |
| 20 | basketball | 11 | Verabredung | *appointment* |
| 21 | bathroom | 28 | Fahrrad | *bike* |
| 22 | battle | 12 | Kunst | *art* |
| 23 | beach | 10 | Apfel | *apple* |
| 24 | bean | 17 | Ball | *ball* |
| 25 | bear | 29 | Vogel | *bird* |
| 26 | bed | 22 | Wettstreit | *battle* |
| 27 | bedroom | 24 | Bohne | *bean* |
| 28 | bike | 30 | Geburtstag | *birthday* |
| 29 | bird | 21 | Badezimmer | *bathroom* |
| 30 | birthday | 23 | Strand | *beach* |

Aufgabe 10: individuelle Lösungen

### 9. Sammelbezeichnungen / Gruppenbezeichnungen

Aufgabe 1: **b)**

| a pack of | a bunch of | a herd of | a panel of | a flock of |
|---|---|---|---|---|
| hounds, wolves, films, nonsense, thieves, cards, lies | keys, bananas, flowers, grapes, roses, images, guys | giraffes, buffalo, elephants, swine, cows, bison, goats | experts, actors, judges, viewers, comedians, teachers, ingenieurs, | birds, sheep, seagulls, pigeons, wethers, flies, lambs |

| a swarm of | a fleet of | a gang of | a board of | a pile of |
|---|---|---|---|---|
| fish, insects, birds bees, butterflies, locusts, honeybees | vehicles, freight cars, goods wagons, cars, lorries, aircraft, ships | criminals, crooks, boys, murderers, youths, girls, burglars | management, directors, advisers, governors, control, administration, secretaries | stones, wood, money, books, washing, rubbish, documents, |

**c)** individuelle Lösungen

## Lösungen

# *Teil B*

### 10. Wort im Wort

Aufgabe 1:

**a)** four – our, early – ear, flight – light, teach – each, teacher – each, flower – lower, Germany – many, fall – all, enjoy – joy, Thursday – day, television – vision, wear – ear, hear – ear, know – now, chair – hair, exact – act, price – ice, table – able, colour – our, there – here, thought – ought, told – old, sold – old, follow – low, follower – lower, throw – row, arrow – row, train – rain, call – all, cable – able, town – own, knowledge - edge

deutsche Bedeutungen: unser, Ohr, Licht/leicht, jeder, jeder, tiefer, viele, alle, Freude, Tag, Vision, Ohr, Ohr, jetzt, Haar, handeln, Eis, geeignet, unser, hier, sollte, alt, tief, tiefer, rudern, rudern, Regen, alle, geeignet, eigene, Rand

Aufgabe 2:

**a)** catch – cat, chat – hat, clap – lap, cloak – oak, glove – love, plate – late, husband – band, great – eat, drink – ink, sink – ink, cottage – age, cloudy – loud, farm – arm, dice – ice, tall – all, down – own, reason – son, courier – our, where – here, spring – ring, through – rough, waiter – wait, wall – all, when – hen, year – ear, carrot – car, yellow – low, arrow – row, message – age, season – sea – son, stall – tall, what – hat, hour – our, against – again, police – ice, busy – us, language – age, earth - ear

deutsche Bedeutungen: Katze, Hut, Überlappung, Eiche, lieben, spät, Gruppe, essen, Tinte, Alter, laut, Arm, Eis, alle, unser, Sohn, unser, hier, Ring, rau, warten, alle, Henne, Ohr, Auto, tief, rudern, Alter, See, Sohn, groß, Hut, unser, wieder, Eis, uns, Alter, Ohr

Aufgabe 3: individuelle Lösungen

Aufgabe 4:

| ice | are | now |
|---|---|---|
| practice, voice, twice, nice, police, office, officer, juice advice, rice | spare, square,scare, rare, bare | snow, snowtime, know, nowhere, knowledge |

### 11. Pluralformen

Aufgabe 1:

| -s | -es | -ies | -ves | irregular forms |
|---|---|---|---|---|
| clocks, days, actors, bananas, exercises, waiters, differences, papers, villages, barrels, subjects, tents, bags, equipments, suitcases, books, cars, walls, forks, orangs, houses, dogs | glasses, watches, foxes, brushes, boxes, actresses, waitresses, churches, buses, tomatoes | babies, families, strawberries, countries, libraries, cities cherries, nationalities, activities, parties | leaves, knives, wolves, lives | teeth, women, bush, mice, fish, children, men, sheep, tea, money, sand, coffee, flour, honey, homework, feet, deer, (the) Church, equipment, geese, furniture, powder |

# Lösungen

## *Teil B*

### 12. Wortfamilien

Aufgabe 1: individuelle Lösungen

### 13. Mengenangaben

Aufgabe 1: individuelle Lösungen

Aufgabe 2: a glass of orange juice; a can of juice; a bottle of juice; a cup of coffee,
a loaf of bread … + 5 individuelle Lösungen

Aufgabe 3:

| | | | | | | | | |
|---|---|---|---|---|---|---|---|---|
| a piece of | furniture | ✓ | bread | ✓ | milk | | rice | |
| a cup of | tea | ✓ | chocolate | | sugar | | coffee | ✓ |
| a glass of | juice | ✓ | milk | ✓ | water | ✓ | honey | |
| a slice of | butter | | bread | ✓ | pizza | ✓ | chocolate | |
| a loaf of | wine | | bread | ✓ | cake | | pizza | |
| a bottle of | water | ✓ | jam | | wine | ✓ | beer | |
| a block of | gold | ✓ | bread | | chocolate | ✓ | cake | |
| a jar of | jam | ✓ | honey | ✓ | chocolate | | rice | |
| a kilo of | rice | ✓ | flour | ✓ | juice | | information | |
| a grain of | salt | ✓ | rice | ✓ | tea | | sand | ✓ |
| a bowl of | cereal | ✓ | yogurt | ✓ | water | | chocolate | |

### 14. Vergangenheit (I) - Simple Past

Aufgabe 1:

**Regular verbs**: closed (schließen), opened (öffnen), cleaned (säubern), washed (waschen), played (spielen), followed (folgen), watched (anschauen), acted (schauspielen), agreed (zustimmen), answered (antworten), arrived (ankommen), asked (fragen), called (an/rufen), completed (vervollständigen), carried (tragen), jumped (springen)

**Irregular verbs**: went 2x (gehen), met (treffen), took (nehmen), sat (sitzen), drank (trinken), ate (essen), were (sein), spent (verbringen), put (stecken), sang (singen), didn't (nicht haben)

### 15. Vergangenheit (II) - Simple Past und Past Participle

Aufgabe 1: beat (schlagen), bet (wetten), broadcast (übertragen – im TV), burst (platzen), cost (kosten), cut (schneiden), hit (treffen), hurt (schmerzen), knit (stricken), put (legen, stellen, setzen)

Aufgabe 2:

**a)** bend – bent – bent – (sich biegen); bind – bound – bound (binden); bleed – bled – bled (bluten); bring – brought – brought (bringen); build – built – built (bauen); burn – burnt – burnt (brennen); buy – bought – bought (kaufen); catch – caught – caught (fangen); creep - crept – crept (kriechen); deal – dealt – dealt (verkaufen); dig – dug – dug (graben); dream – dreamt – dreamt (träumen); feed – fed – fed (füttern); feel – felt – felt (fühlen); fight – fought – fought (kämpfen)

**b)** individuelle Lösungen

Aufgabe 3: say – said – said (sagen); pay – paid – paid (zahlen); sell – sold – sold (verkaufen); shine – shone – shone (scheinen/leuchten); sit – sat – sat (sitzen); sleep – slept – slept (schlafen); speed – sped – sped (schnell fahren); find – found – found (finden); flee – fled – fled (fliehen); get – got – got (bekommen); hang – hung – hung (auf/hängen); have – had – had (haben); hear – heard – heard (hören); lose – lost – lost (verlieren); make – made – made (machen); meet – met – met (treffen); keep – kept – kept (behalten, aufbewahren); lend – lent – lent (leihen)

# Lösungen

## Teil B

### 16. Wortfelder

Aufgabe 1: Sports ....

| in the water | with a ball | alone | in a team |
|---|---|---|---|
| swimming, open water swimming, synchronized swimming, surfing, sailing, waterball, diving, canoeing, rowing, water polo | football, rugby, volleyball, beach volleyball, basketball, tennis, badminton, table, tennis, golf, hockey, handball, softball, baseball | cycling, jogging, nordic walking, free climbing, riding, skating, weight lifting, gymnastics, fencing, boxing | football, basketball, volleyball, waterball, rugby, tennis, hockey, ice hockey, polo, baseball, handball |

### 17. Bildwörter

Aufgabe 1: individuelle Gestaltung

### 18. Gegenteile

Aufgabe 1: Lösungswort: CARLISLE (englische Hafenstadt)

Aufgabe 2:
**a)** less, quiet
**b)** individuelle Lösungen

Aufgabe 3:
**a)** Lösung

| 1 | 2 | 3 | 4 | 5 | 6 | 7 | 8 | 9 | 10 | 11 | 12 | 13 | 14 | 15 |
|---|---|---|---|---|---|---|---|---|---|---|---|---|---|---|
| g | i | m | o | l | h | e | n | k | c | d | b | f | j | a |

**b)** individuelle Lösungen

Aufgabe 4:
**a)** Lösung

| 1 | 2 | 3 | 4 | 5 | 6 | 7 | 8 | 9 | 10 | 11 | 12 | 13 | 14 | 15 |
|---|---|---|---|---|---|---|---|---|---|---|---|---|---|---|
| k | h | d | m | i | o | a | c | i | n | j | e | g | b | f |

**b)** individuelle Lösungen

### 18. Gegenteile

Aufgabe 5:
**a)** old - young, slow - fast, big - small, arrive - leave, pretty - ugly, high - deep, famous - unknown, buy - sell, run - stand, thick - thin, more - less, cheap - expensive, obey - disobey, love - hate, black - white, weak - strong, heavy - light, easy - difficult, switch on - switch off, right - left, up - down, under - on, silly - clever, sick - healthy, ugly - beautiful, hard - weak, live - die, start - finish, clean - dirty, friend - enemy, pupil - teacher, give - take

Aufgabe 5:
**b)** happiness - sadness, heat - cold, happy - sad, heaven - hell, handsome - ugly, heavy - light, hard - easy, here - there, harvest - plant, high - deep, hate - enjoy, high - low, health - disease, hilly - flat, healthy - ill, hit - miss

Aufgabe 6: individuelle Gestaltung

### 19. Großschreibung im Englischen

Aufgabe 1:

| Eigen-, Firmen- und Markennamen<br>*Tom, Amazon,* | Anreden und Titel, die Royals<br>*Her Majesty the Queen,* | Geographische Bezeichnungen<br>*Europe,* |
|---|---|---|
| Sprachen und Nationalitäten<br>*French, English, Spanish, German,* | Monatsnamen, Wochentage, Festtage<br>*Sunday, Wednesday, March, April,* | Überschriften und Titel<br>*The Catcher in the Rye,* |
| Gottheiten und heilige Schriften<br>*God,* | Straßennamen, Regierungsbehören, Armeeeinheiten, Namen von Kriegen und Schlachten<br>*World War II,* | Zeitperioden, historische Dokumente<br>*the Bible, the Magna Charta,* |

Aufgabe 2: 1f, 2a, 3c, 4h, 5e, 6g, 7d, 8b

Aufgabe 3: selbsterklärend

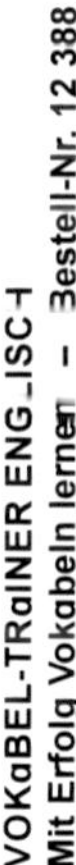

Aufgabe 4:

| Country | Inhabitant | Language | Capital |
|---|---|---|---|
| Hungary | the Hungarian | Hungarian | Budapest |
| Portugal | the Portuguese | Portuguese | Lisbon |
| Greece | the Greek | Greek | Athens |
| Croatia | the Croat | Croatian | Zagreb |
| Austria | the Austrian | German | Vienna |
| Bulgaria | the Bulgarian | Bulgarian | Sofia |
| Denmark | the Dane | Danish | Copenhagen |
| Germany | the German | German | Berlin |
| Poland | the Pole | Polish | Warsaw |
| Ireland | the Irish | English/Gaelic | Dublin |
| Albania | the Albanian | Albanian | Tirana |
| Iceland | the Icelander | Icelandic | Reykjavik |
| Ukraine | the Ukrainian | Ukrainian | Kiev |
| Finland | the Finn | Finnish | Helsinki |
| Czech Republic | the Czech | Czech | Prague |
| (the) Netherlands | the Netherlander | Dutch | Amsterdam |
| Switzerland | the Swiss | German/French/Italian | Bern |
| Spain | the Spaniard/the Spanish | Spanish | Madrid |
| France | the Frenchman / the Frenchwoman | French | Paris |

## 20. British English (BE) ↔ American English (AE)

Aufgabe 2:

| BE | AE | BE | AE | BE | AE |
|---|---|---|---|---|---|
| autumn | fall | tin | can | queue | line |
| year 6 | 6th grade | sweets | candy | garden | yard |
| shop | store | timetable | schedule | rubber | eraser |
| biscuit | cookie | underground | subway | pavement | sidewalk |
| chips | (French) fries | nasty | mean | mark | grade |
| rucksack | backpack | cinema | movie theatre | motorway | freeway |
| trousers | pants | flat | apartment | film | movie |
| toilet | restroom | rubbish | garbage | petrol | gas |
| holiday | vacation | pupil | student | lorry | truck |
| railway | railroad | lift | elevator | crisps | chips |

Aufgabe 3:

| 1 | 2 | 3 | 4 | 5 | 6 | 7 | 8 | 9 | 10 | 11 | 12 | 13 | 14 | 15 | 16 |
|---|---|---|---|---|---|---|---|---|---|---|---|---|---|---|---|
| E | O | H | A | M | C | L | D | G | B | P | K | Q | N | J | F |

Aufgabe 4:

| 1 | 2 | 3 | 4 | 5 | 6 | 7 | 8 | 9 | 10 | 11 | 12 | 13 | 14 | 15 | 16 |
|---|---|---|---|---|---|---|---|---|---|---|---|---|---|---|---|
| E | H | N | F | O | B | C | K | D | Q | A | G | P | M | L | J |

Aufgabe 5:

| 1 | 2 | 3 | 4 | 5 | 6 | 7 | 8 | 9 | 10 | 11 | 12 |
|---|---|---|---|---|---|---|---|---|---|---|---|
| C | H | K | A | I | B | D | J | F | L | G | E |

railroad = Eisenbahn, movie theatre = Kino, rubbish = Müll, subway = U-Bahn, line = (Warte)schlange, student = Schüler, apartment = Wohnung, elevator = Aufzug, grade = Schuljahr/Klasse, vacation = Ferien, truck = Lkw, freeway = Autobahn

## 21. Gleich ausgesprochene Wörter

Aufgabe 1: flour - flower, for - four, heal - heel, cent - scent, here - hear, our - hour, night - knight, sea - see, weather - whether, new - knew, then - than, to - too, tail - tale, right - write, you're - your, sole - soul, sun - son, steel - steal, sell - cell, buy - by, I - eye, no - know, for - four, fairy - ferry, bear - bare, ate - eight, wood - would

Aufgabe 2+3: individuelle Gestaltung

## 22. Ein Wort – mehrere Bedeutungen

Aufgabe 1: selbsterklärend